Moi, ma santé

DU MÊME AUTEUR

AUX ÉDITIONS DU JOUR

Évolution de l'assistance au Québec, 1967

Cours de sexologie (5 tomes), 1968-1970

Paul VI et la sexualité, 1969

Comment garder votre santé, 1970

Kidnappé par la police, 1970

En collaboration avec Hubert Charbonneau:
Naissances planifiées, 1966

En collaboration avec Renée Cloutier:
L'avortement, 1969

AUX ÉDITIONS QUÉBEC/AMÉRIQUE

Vivre en santé, 1982

Adieu médecine, bonjour santé, 1982

Survivre aux soins médicaux, 1982

La simplicité volontaire, 1985

Pour une nouvelle médecine, 1986

Le rêve écrasé, 1990

En collaboration avec Marie Claude Roy:
Dictionnaire des médicaments de A à Z, 1984

Nouveau dictionnaire des médicaments, 1988

AUX ÉDITIONS ÉCOSOCIÉTÉ

Kidnappé par la police, réédition 2001

Le simplicité volontaire, plus que jamais, 1998

Le Belle Vie ou le bonheur dans l'harmonie, 1998

Parce que la paix n'est pas une utopie, 1996

Pour que demain soit, 1993

L'écosophie ou la sagesse de la nature, 1994

Avec un collectif de 15 personnes:
Pour un pays sans armée, 1993

Serge Mongeau

Moi, ma santé

De la dépendance à l'autonomie

Les Éditions écosociété
Montréal

Révision : Claude Frappier
Typographie : Nicolas Calvé
Illustration de la couverture : Pierre Faucher
Coordination de la production : Nicole Daignault

C.P. 32 052, comptoir Saint-André
Montréal (Québec) H2L 4Y5

Dépôt légal : 4e trimestre 1994
ISBN 2-921561-20-4

Données de catalogage avant publication (Canada)

Mongeau, Serge, 1937-
Moi, ma santé
Comprend des réf. bibliogr.
ISBN 2-921561-20-4

1. Santé. 2. Hygiène. 3. Médecine préventive. I. Titre.

RA431.M653 1994 613 C95-940030-3

Remerciements

Je remercie bien chaleureusement Françoise Forest, Alain Bouchard, Steeve Gagnon et Suzanne Gervais, qui ont lu mon manuscrit et m'ont permis de l'améliorer grâce à leurs judicieux conseils, ainsi que Claude Frappier, qui en a fait une révision attentive.

Table des matières

Introduction

NOTRE SÉJOUR plus ou moins prolongé sur les bancs d'école nous a permis d'apprendre à lire, à écrire, à compter ; nous avons aussi eu droit à quelques notions sur notre environnement. Mais nous y avons fort peu appris sur nous-mêmes, sur notre fonctionnement intime et sur nos relations avec notre milieu. C'est un peu comme si on croyait que chacun possédait en lui-même une sagesse innée qui lui dicterait les conduites à suivre pour se réaliser pleinement. Or nous vivons dans des contextes où les instincts peuvent de moins en moins s'exercer ; la plupart de nos activités se déroulent en effet dans des milieux artificiels. Nos comportements sont raisonnés (même s'ils ne sont pas toujours raisonnables !), mais le plus souvent, nous ne possédons pas l'information qui nous permettrait de choisir quels comportements seraient, dans les circonstances, les plus appropriés pour notre mieux-être. Nous vivons la plupart du temps au gré des événements, sans nous préoccuper des conséquences de nos façons de vivre, et quand notre organisme se rebelle et que nous tombons malades, nous nous tournons vers la médecine ou vers une autre forme de thérapie pour qu'elles nous réparent.

En fait, notre conception de la santé est extrêmement passive. Nous agissons comme si nous naissions tous avec une certaine réserve de santé dans laquelle nous pourrions puiser jusqu'au jour où nous en atteindrions le fond; ce n'est qu'à ce moment, *quand nous avons perdu notre santé,* que nous commençons à nous en préoccuper.

Par ce livre, j'aimerais vous convaincre d'effectuer le passage de la passivité à l'activité, de la dépendance à l'autonomie. Pour ce faire, il vous faudra d'abord comprendre que la santé est un état dynamique, c'est-à-dire en perpétuelle transformation; ensuite, que cet état dépend en grande partie de notre environnement et de nos façons de vivre, donc qu'il est susceptible d'être modifié par nos diverses actions; enfin, que chacun d'entre nous est beaucoup mieux placé que n'importe quel spécialiste pour effectuer les choix qui nous conviennent.

Qu'est-ce qui m'autorise à écrire sur la santé? J'ai 57 ans et une certaine expérience de la vie. Il y a une trentaine d'années, après avoir terminé mes études en médecine, j'ai reçu des malades en tant qu'omnipraticien pendant deux ans. J'ai ensuite changé d'orientation, essentiellement parce que je trouvais que le médecin arrivait trop tard, quand le mal était fait, alors qu'il était tellement évident qu'il aurait été possible d'agir avant et d'aller aux causes. Ce n'est cependant que plusieurs années plus tard que j'ai commencé à réfléchir en profondeur et à poser des gestes concrets pour ma santé. Au fil des ans, j'ai écrit quelques livres sur le sujet. Le présent ouvrage est une édition revue augmentée d'une brochure publiée il y a quelques années par le Collège Marie-Victorin, qui réunissait une série de dix cours sur la santé parue dans *La Presse.* J'ai décidé d'en reprendre le contenu parce qu'il demeure utile. Rien ne s'est vraiment amélioré depuis, je note même une intensification des agressions contre notre santé. Il est plus que temps d'agir et ce livre indique dans quelle direction il faut aller.

Chapitre premier

La santé

La plupart des gens ont tendance à se préoccuper de leur santé lorsqu'ils connaissent des problèmes ou des difficultés de fonctionnement. À ce moment, ils consultent un médecin, moins souvent un autre thérapeute, pour qu'il les aide à retrouver leur santé. Aussi n'est-il pas étonnant qu'en général, nous ayons tendance à définir la santé d'une manière négative, comme une absence de maladie. Les médecins vont dans le même sens en divisant la population en deux groupes : ceux qui sont malades et ont besoin de leurs soins... et les autres. Quand vous faites partie des autres, vous échappez d'une certaine façon aux médecins ; mais ils essaient, par ce qu'ils nomment la médecine préventive, de vous faire passer dans l'autre camp en vous soumettant à des examens et à des analyses qui signaleraient que vous avez en vous un processus pathologique qui vous ronge. « Tout bien-portant est un malade qui s'ignore », dit le docteur Knock, dans la pièce de Jules Romain.

L'approche médicale est mécaniste. Elle est le fruit du rationalisme du XVIIe siècle qui assignait à tout phénomène une cause unique. Pour trouver l'explication des diverses maladies qui affectent les êtres humains, la médecine a pénétré de plus en plus profondément dans le corps pour tenter d'expliquer chaque pathologie ; elle est actuellement rendue au niveau cellulaire et moléculaire. Et comme la médecine constate que les cellules de la plupart des gens se comportent de telle façon, que le sang ou les autres liquides du corps contiennent telle ou telle substance en telle quantité, elle décrète que lorsque vous vous situez en dehors de ces limites, vous êtes anormal, vous êtes malade, vous êtes digne de traitement, même si vous vous sentez parfaitement bien. Par contre, si vous ne vous sentez pas bien et qu'aucune analyse n'indique de « pathologie », vous n'êtes pas un vrai malade, « ce sont vos nerfs », « c'est dans votre tête »...

Malgré un certain nombre de traits communs, il n'existe pas deux êtres humains qui soient exactement identiques. Bien sûr, tous doivent posséder un cœur qui pompe le sang vers les différentes parties du corps, mais déjà, dans sa position, dans les vaisseaux qui le nourrissent, dans son rythme, etc., on trouve de grandes variations d'un individu à l'autre. Tous doivent posséder les organes essentiels à la vie, mais la vie s'accommode de variations individuelles importantes. On peut vivre avec un seul rein, alors que certaines personnes sont dotées de trois reins. Le métabolisme nécessaire au maintien de l'organisme requiert des centaines d'enzymes que tous ne produisent pas en même quantité : les organismes trouvent quand même à fonctionner. La médecine ne semble pas avoir compris l'importance des variations compatibles avec un fonctionnement satisfaisant, puisqu'elle continue à mesurer diverses caractéristiques des individus, à les comparer à des « normales » et à tenter de ramener à la norme les individus marginaux sans s'interroger sur leur fonctionnement global. Or ces différences font que les individus sont dotés de forces ou de faiblesses avec lesquelles il leur faut composer pour l'équilibre de leur vie. Il ne s'agit pas de nier l'utilité de certains tests pour le diagnostic des pathologies qui expliquent la situation des personnes malades ; mais aujourd'hui la médecine va beaucoup plus loin dans ses interventions, et même dans la maladie, elle oublie souvent la personne pour ne s'occuper que du corps ou, pis encore, que de l'organe malade.

La santé m'apparaît avant tout comme un état subjectif qui consiste à se sentir bien dans sa peau et à pouvoir faire ce que l'on veut et ce que l'on aime en réalisant pleinement ses potentialités. Nous ne pouvons tous être champions olympiques du saut en hauteur, ballerines professionnelles ou pianistes de concert. Nous partons chacun avec un potentiel génétique différent qui nous donnera une apparence particulière et des capacités individuelles diverses ; nous vivons chacun dans des circonstances et des lieux variés ; et au cours de notre vie, nous élaborons des projets différents pour la réalisation desquels nous aurons besoin de qualités, d'efforts et de muscles différents. La santé du lanceur de poids et celle de la violoniste ont des assises différentes ; tout en étant fort différents l'un de l'autre, les deux peuvent cependant se sentir bien dans leur peau et fonctionner à leur satisfaction.

Une des raisons qui expliquent la difficulté à définir adéquatement la santé est le fait qu'il s'agit d'un état dynamique, c'est-à-dire en constante évolution. René Dubos disait que « la santé est l'aptitude à exercer efficacement les fonctions requises dans un milieu donné, et comme ce milieu ne cesse d'évoluer, la santé est un processus d'adaptation continuelle aux innombrables microbes, irritants, tensions et problèmes auxquels l'homme doit faire face à chaque jour[1] ». Tout au long de la vie, de la naissance à la vieillesse, nous changeons constamment et notre environnement social, émotif et physique évolue lui aussi continuellement ; la santé est cet équilibre que nous réussissons à atteindre à un moment donné dans le milieu où nous sommes. Personne ne peut se proclamer en santé pour toujours ; la santé requiert la capacité d'évoluer constamment pour s'adapter aux nouvelles conditions dans lesquelles nous nous trouvons.

La médecine nous a habitués à une approche fractionnée des humains. Les divers spécialistes se penchent chacun sur une partie du corps comme si on pouvait la traiter indépendamment de l'ensemble. En particulier, la séparation entre le physique et le mental semble fort claire pour eux ; cette façon de voir est si bien acceptée que nous en sommes arrivés à parler de la santé mentale et de la santé physique, comme si l'une pouvait se trouver sans l'autre. Or, depuis quelques années, les preuves s'accumulent à l'effet que chaque personne est un tout indivis, que ce qui se passe dans le corps affecte le psychisme autant que les états émotifs influencent le corps ; il est même de plus en plus évident que les humains sont des êtres sociaux et qu'ils sont fortement influencés par leurs liens avec leur entourage. Le bon fonctionnement de l'organisme de l'être humain n'est pas uniquement lié à la biologie. D'ailleurs, il en est aussi de même pour les animaux et peut-être également pour les plantes. Quand je m'absente de la maison pour quelque temps, ma chienne devient déprimée et ne mange plus. Il y a quelques années, quand dans mon quartier, un propriétaire a fait couper deux de ses peupliers, en prenant bien soin de ne pas endommager un troisième

1. R. Dubos et M. Pines, *Les maladies,* Paris, Lafond, 1970, préface.

qu'il voulait garder, celui-ci n'en a pas moins perdu toutes ses feuilles en plein mois de juin : il était en deuil !

En tant qu'êtres humains qui possédons un corps, nous avons un certain nombre de besoins physiques à combler pour permettre notre épanouissement ; mais nous avons aussi des besoins sociaux, affectifs et spirituels. Il arrive qu'en tentant de répondre aux uns, on néglige les autres. Des déséquilibres peuvent en résulter ; mais il me semble que c'est l'appréciation que fait l'individu de sa situation qui importe et non l'évaluation qu'on pourrait en faire de l'extérieur. Sans quoi le risque est grand de tomber dans une sorte de technofascisme, qui consisterait à forcer tous les individus à fonctionner d'une manière donnée et surtout à prendre les moyens prescrits pour arriver à ce fonctionnement. La médecine a de plus en plus tendance à tomber dans ce travers ; aujourd'hui, elle favorise des mesures comme la fluoration de l'eau et la vaccination ; elle voudrait forcer les femmes à accoucher dans les hôpitaux et avec ses techniques ; demain elle décrétera peut-être que les femmes doivent accoucher entre tel et tel âge et ne doivent pas avoir plus que tant d'enfants...

La santé pour tous

Ma conception de la santé est fortement personnalisée ; cependant, je ne la perçois pas comme individualiste, au sens où elle ne dépendrait que des actions de l'individu. Certes celui-ci a un rôle de premier plan à jouer dans sa santé, mais il doit pouvoir compter sur un milieu favorable pour y parvenir. Nous vivons en société et nos décisions sont fortement influencées par les valeurs dominantes. Comment, par exemple, demeurer insensible à toute cette publicité qui si habilement tente d'orienter nos divers comportements ? Dans une société où on valoriserait la santé, tout devrait être mis en œuvre pour favoriser une véritable liberté de choix, donc que les individus y aient accès à une bonne formation générale ainsi qu'à une information complète. De plus, on devrait y faire des efforts pour permettre le développement des facteurs qui peuvent contribuer à la santé tout en tentant d'éliminer ou de minimiser l'impact de ceux qui peuvent lui nuire.

Dans une société qui valorise la liberté, la responsabilité des individus s'avère particulièrement importante, car les options possibles sont multiples. Pour parvenir à s'épanouir pleinement, l'individu doit d'abord se fixer des objectifs réalistes qui tiennent compte de ce qu'il est vraiment ; nous ne possédons pas tous le même potentiel et par conséquent ne pouvons tous nous développer dans le même sens. Cependant, l'individu qui désire s'épanouir doit répondre à tous ses besoins. Nous reviendrons plus loin sur ce que j'appelle les piliers de la santé.

La société n'est pas une créature autonome et indépendante : nous dépendons de la société dans laquelle nous vivons et nous subissons son influence, mais en même temps nous sommes une partie de cette société et la construisons à notre image. Nous sommes des êtres essentiellement sociaux et ne pouvons l'ignorer impunément. Notre épanouissement requiert des conditions favorables et nous pouvons aider à nous donner ces conditions en contribuant à modifier la société pour qu'elle devienne un lieu d'épanouissement. Le simple fait de changer soi-même provoque déjà un changement dans la société ; et quand c'est volontairement qu'on tente de provoquer des changements, on est alors plus efficace encore.

Des actions qui s'imposent

Dans nos sociétés industrialisées axées sur la production et la consommation, nous avons réussi à vaincre les principaux obstacles matériels à l'épanouissement des individus tels que la famine, l'asservissement, l'ignorance... Bien sûr, tous ne bénéficient pas également de tous ces progrès, mais dans l'ensemble, ils en tirent un certain avantage. Pourtant, de nombreux indices — les suicides, les maladies mentales, le cancer, la violence, par exemple — nous donnent à penser que malgré tout, les gens ne sont pas pleinement épanouis. S'il en est ainsi, c'est que la société de consommation ne peut jamais, par nature, satisfaire tous les besoins humains. En fait, la société de consommation est fondée sur l'insatisfaction : pour que les gens désirent continuer à consommer, pour qu'ils fassent tourner indéfiniment la roue de l'économie, il faut qu'ils désirent toujours plus et qu'ils achètent ainsi constamment. Il faut que les appétits soient insatiables. C'est ce qui se produit aujourd'hui : tout est transformé en marchandise, tout peut s'acheter, mais alors tout est éphémère et extérieur à l'individu qui, lui, n'évolue pas et ne s'épanouit pas. *L'être humain est plus que matière et il requiert plus que des marchandises pour s'épanouir.*

Pour que nous parvenions à une santé intégrale, c'est-à-dire à l'épanouissement de *toutes* nos possibilités, il faudrait que nous trouvions plus que des nourritures ou des remèdes physiques et, dans une moindre mesure, des nourritures émotives. Une société qui oriente toute son activité uniquement vers la satisfaction des besoins matériels et émotifs ne permet qu'un développement tronqué. Pour rendre la santé accessible au plus grand nombre, je vois deux types d'intervention possible : d'abord sur le plan des valeurs, ensuite dans le renforcement des piliers de la santé.

Tant qu'on persistera à ignorer la dimension spirituelle de l'être humain, on ne pourra parvenir à l'épanouissement de toutes les dimensions humaines. *La vie humaine doit avoir un sens, sinon elle est réduite à un état végétatif. Pour avoir des raisons de vivre, les gens ont besoin de se sentir utiles, d'occuper une certaine place dans la société, de savoir que d'autres ont besoin d'eux, de s'estimer de quelque importance.* Les gens ont aussi besoin d'avoir des racines, d'appartenir à un milieu dont ils peuvent dépendre, mais qui dépend également d'eux. La vie en société ne se résume pas à une simple juxtaposition d'êtres, elle se fonde sur des relations complexes et profondes. L'harmonie dans ses rapports avec les autres humains, mais aussi avec la nature, me paraît être une condition fondamentale à l'harmonie de l'individu. Tout ce qui peut contribuer à donner un sens à la vie, tout ce qui peut favoriser le développement d'un sentiment d'appartenance au milieu, tout ce qui permet l'harmonie devient donc, dans cette époque matérialiste, un pas de plus vers l'épanouissement et la santé.

L'obsession de la santé

Au hasard des circonstances et parmi les détours de la vie, des périodes de déséquilibre sont prévisibles ; la vie est une longue suite de situations nouvelles, de défis et de difficultés, et c'est ce qui fait son intérêt. Certaines personnes craignent tellement les déséquilibres possibles, elles ont si peur qu'à la suite d'une perturbation quelconque, elles ne parviendront pas à retrouver leur équilibre, qu'elles en viennent à fuir tout ce qui pourrait les perturber et affecter leur santé. Mais comme l'écrit Norbert Bensaïd, « tout comme l'avarice évoque plus la pauvreté que la richesse, un souci trop marqué de la santé évoque plus la maladie et la mort que le bonheur et l'épanouissement.

C'est qu'au lieu de prendre la fortune et la santé pour ce qu'elles sont, un moyen de jouir du reste, on ne jouit plus de rien. L'obsession de la santé n'évoque pas seulement la maladie : elle en est une[2]. » Il y a des gens qui s'empêchent de vivre pour éviter la maladie, qui perdent leur vie à essayer de ne pas être malades. Vivre en santé, c'est d'abord vivre, au sens complet du terme. C'est se réaliser le plus entièrement possible.

L'obsession de la santé détruit la vie ; elle risque même de la tuer. Ce sont les gens les plus actifs, les plus engagés et les plus motivés qui finalement atteignent un âge plus avancé. Je trouve remarquables les résultats de cette étude faite au Nebraska chez des personnes âgées à qui on a donné des leçons de peinture à l'huile pendant 18 semaines ; 11 ans plus tard, 67 p. 100 de ces personnes vivaient encore en comparaison de 38 p. 100 dans un groupe contrôle ; qui plus est, la totalité des survivants du groupe faisant de la peinture continuaient à être alertes et actifs, alors que seulement 62 p. 100 des survivants du groupe contrôle étaient considérés comme mentalement alertes et que 38 p. 100 étaient cloués au lit[3].

Peut-être aurions-nous intérêt à faire une place plus importante, dans nos vies, à la qualité plutôt qu'à la quantité ; on a trop tendance à établir une équivalence entre santé et longévité, comme si c'était la quantité d'années qu'on vit qui importait. Nombre d'interventions médicales prolongent la vie des gens ; mais en même temps, il faut constater qu'en moyenne, à mesure que les gens vivent plus longtemps, ils sont affligés de périodes d'invalidité

2. *Le Nouvel Observateur,* 17 janvier 1977.

3. Étude rapportée par Kerry Pechter, « Creating a Better You », *Prevention,* sept. 1980.

plus longues. On prolonge souvent la mort et non la vie ; y gagne-t-on vraiment ?

La santé n'est pas un absolu, un tout ou rien. Tous, nous possédons un assemblage unique de possibilités qui font de nous la personne que nous sommes. Si nous nous engageons dans la réalisation de projets adaptés à nos possibilités, nous avons plus de chances de nous épanouir. Peut-être touchons-nous là une des conditions fondamentales de la santé : la nécessité d'exercer des choix à l'intérieur de ses possibilités et de ses goûts. Les champions — ces gens qui arrivent à des « performances » exceptionnelles dans un domaine ou l'autre — seraient alors des personnes qui ont su trouver le champ d'activité qui convenait parfaitement à leurs possibilités et qui ont bénéficié de conditions favorables pour développer ces possibilités au maximum. Mais la vie est remplie de multiples exigences auxquelles nous devons répondre ; nous ne pouvons exceller dans tous les domaines et devons composer avec des capacités moindres dans certains domaines. Les difficultés commencent quand nous sommes confrontés trop souvent à des situations vis-à-vis desquelles nous nous trouvons dépourvus ; c'est alors que surviennent les maladies.

Je vous suggère de prendre quelques minutes pour remplir le questionnaire suivant ; vous en tirerez une meilleure compréhension de ce qu'est la santé.

ÊTES-VOUS EN SANTÉ ?

Pour chacune des questions suivantes, encerclez le « 2 » si votre réponse est clairement affirmative, le « 0 » si elle est négagive et le « 1 » si vous vous situez entre les deux.

1. Lorsque vous vous blessez ou que vous êtes malade, avez-vous l'impression de guérir très vite (plus rapidement que les autres ou que ce qu'espérait votre médecin) ?	0	1	2
2. Quand on vous insulte, vous rejette ou vous met de côté, retrouvez-vous votre bonne humeur et votre confiance assez rapidement ?	0	1	2
3. Quand vous faites quelque chose que vous ne vouliez vraiment pas faire et que vous le regrettez ensuite, vous le pardonnez-vous assez vite sans demeurer longtemps à vous sentir coupable ?	0	1	2
4. Continuez-vous à vous développer et à accroître vos capacités pour arriver à réaliser ce qui vous paraît important dans la vie ?	0	1	2
5. Êtes-vous capable de faire tous les mouvements qui sont requis par vos diverses occupations ?	0	1	2
6. Quand vous passez une mauvaise nuit, vous en remettez-vous rapidement, sans que cela vous dérange pour plusieurs jours par la suite ?	0	1	2
7. Retirez-vous beaucoup de plaisir des *parties,* concerts et autres événements sociaux auxquels vous participez ?	0	1	2

➡

8. Aimez-vous les sports et en pratiquez-vous quelques-uns assez régulièrement ?	0	1	2
9. Vous endormez-vous généralement assez vite, quand vous vous couchez ?	0	1	2
10. Vous sentez-vous plein(e) d'énergie le matin et commencez-vous à fonctionner peu de temps après votre réveil ?	0	1	2
11. Êtes-vous capable d'exprimer vos sentiments et de remettre quelqu'un à sa place quand son comportement à votre égard vous déplaît ?	0	1	2
12. Vous arrive-t-il souvent de chanter sous la douche, dans la maison ou en conduisant votre voiture ?	0	1	2
13. Avez-vous le sentiment d'être utile et d'être apprécié(e) ?	0	1	2
14. Souriez-vous souvent ?	0	1	2
15. Vous arrive-t-il souvent de marcher, de courir ou de vous déplacer à bicyclette ?	0	1	2
16. Aimez-vous aller au bout de vos forces à l'occasion, suer abondamment ou vous essouffler ?	0	1	2
17. Êtes-vous heureux ou heureuse ?	0	1	2
18. Quand vous vous regardez dans le miroir, aimez-vous habituellement ce que vous voyez ?	0	1	2
19. Aimez-vous quelqu'un profondément ? Vous sentez-vous aimé(e) ? Ou vous donnez-vous à une cause qui vous dépasse, que vous avez presque épousée ?	0	1	2

➡

20. Avez-vous l'impression que s'il vous arrivait un mauvais coup ou une épreuve inattendue, vous auriez des gens sur qui vous pourriez compter pour vous donner un coup de main? **0 1 2**

Vous avez calculé votre pointage total ? Le chiffre obtenu importe finalement peu en lui-même. Il est tout de même probable que plus il est élevé, mieux vous vous sentez dans votre peau et plus vous avez de chances de vivre longtemps. Ce petit test devrait surtout vous être utile pour comprendre la complexité de ce qu'on nomme la santé; car chaque question correspond effectivement à des attitudes ou des comportements liés à la santé.

Ce test provient en bonne partie de Mark Bricklin (*Prevention*, juillet 1980).

Chapitre 2

Sur quoi s'appuie la santé

Un individu peut être en santé quand il se réalise pleinement, ce qui est possible s'il réussit à mettre ses potentialités en valeur. Mais l'assemblage unique de potentialités qui caractérise chaque personne ne définit pas à lui seul la nature humaine ; quelles que soient leurs différences, tous les humains ont en commun un certain nombre de besoins qui doivent être adéquatement comblés pour assurer leur bon fonctionnement.

Les besoins humains fondamentaux

Les êtres humains font montre d'une capacité d'adaptation étonnante : ils peuvent vivre — et vivent effectivement — dans des conditions extrêmement diverses, du Grand Nord au Sahel, des villes polluées et surpeuplées à l'Himalaya. Un minimum de nourriture, un peu d'eau, de quoi s'abriter ou se vêtir si la température est trop froide suffisent pour survivre. Nous disposons actuellement sur la Terre de ressources suffisantes pour assurer ce minimum à la totalité des humains et nous pourrions même dépasser ce minimum ; le problème n'en est pas un de ressources, mais de partage ; une petite partie de l'humanité accapare la grande part des richesses.

Pour jouir de la santé, les êtres humains requièrent davantage que le minimum nécessaire à la survie ; pour pouvoir développer toutes leurs capacités et s'épanouir, ils n'ont pas seulement besoin d'une certaine *quantité* d'air, d'eau, de nourriture, de rapports humains, etc., ils ont besoin de *qualité*. Ce n'est pas n'importe quelle nourriture qui permet d'assurer le meilleur fonctionnement de l'organisme, ce ne sont pas n'importe quels rapports humains qui mettent une personne en confiance et en sécurité, etc.

Il existe des êtres humains sur la Terre depuis au moins 700 000 ans. Pendant presque toute cette longue période, les humains ont vécu dans des conditions relativement stables :

– ils étaient en contact étroit avec la nature ;

– ils n'étaient qu'occasionnellement soumis au stress, vivant la plupart du temps à un rythme lent, calqué sur les cycles de la nature ;

– ils avaient à fournir des efforts physiques considérables, ne disposant d'aucune machine pour déplacer les pierres et les morceaux de bois qu'ils utilisaient et ne pouvant compter que sur la force de leurs jambes pour aller d'un endroit à un autre (parfois très vite pour fuir les animaux ou d'autres dangers) ;

– ils mangeaient frugalement, au hasard des petits fruits, des racines et autres matières comestibles qu'ils pouvaient trouver, dévorant parfois la viande des animaux qu'ils réussissaient à abattre ; ils connaissaient aussi à l'occasion des périodes de jeûne plus ou moins prolongées ;

– ils se regroupaient en clans compacts où chaque individu bénéficiait de la protection et de la solidarité des autres.

C'est de cette façon que l'humanité a vécu pendant des centaines de milliers d'années ; ce sont ces conditions qui ont déterminé peu à peu la morphologie humaine. La sélection naturelle a permis que ceux qui étaient les plus aptes à vivre dans ces conditions atteignent en plus grand nombre l'âge de la reproduction et aient plus d'enfants. Ce sont là nos ancêtres et c'est d'eux que nous avons hérité notre bagage génétique, fort bien adapté pour assurer la survie dans les conditions dites primitives ; or en l'espace d'à peine quelques centaines d'années — une infime période dans l'histoire de l'humanité, beaucoup trop courte pour que nos caractéristiques de base ou notre potentiel n'aient le temps de changer — les conditions de vie des gens, surtout ceux qui vivent dans les pays industrialisés, ont radicalement évolué.

Les conditions de vie aujourd'hui

Notre économie, qui en fin de compte, règle pratiquement tout le fonctionnement de notre société, est fondée sur le profit. Pour assurer l'augmentation de leur profit, les capitalistes doivent nécessairement augmenter leur production ; et nous devons consommer cette production croissante. En fait, nous sommes de plus en plus réduits à ce rôle de consommateurs et la consommation envahit et influence la totalité de nos vies, grâce en particulier à l'omniprésente et omnipotente publicité :

– nous ne mangeons ni ne buvons plus pour nourrir notre corps, mais pour combler nos besoins affectifs, pour avoir l'impression de participer à la fête, parce que nous ne pouvons nous en empêcher... Nos aliments, produits à force d'engrais et de pesticides par l'industrie agricole, sont ensuite transformés considérablement, ce qui les « débarrasse » d'une grande partie de leurs fibres, minéraux et vitamines et les « enrichit » d'additifs chimiques multiples. Il existe environ 3000 substances chimiques différentes que l'industrie alimentaire ajoute aux aliments à un titre ou un autre (colorants, épaississants, aromatisants, etc.) et il s'en retrouve près de 10 000 autres qui réussissent à atteindre notre assiette sous forme de résidus involontaires (détersifs, pesticides, etc.). En un an, chaque Nord-Américain absorbe, en moyenne, deux kilos de ces produits. Par ailleurs, il n'y a pratiquement plus d'équivalence entre les quantités d'aliments que nous absorbons et nos besoins nutritifs, en particulier du point de vue calorique;

- nous faisons de moins en moins d'efforts physiques, laissant nos muscles s'atrophier, nos articulations s'ankyloser et notre cœur engraisser. En 1850, le tiers de l'énergie requise pour la production industrielle et agricole était fournie par les muscles humains alors qu'aujourd'hui, cette source d'énergie compte pour moins de 1 p. 100, cédant constamment du terrain à l'énergie électrique, au pétrole et même à l'atome; ce remplacement d'énergie s'opère également dans nos foyers et pour nos déplacements;

- nous sommes exposés à des sources multiples et toujours plus nombreuses de stress. Des niveaux de plus en plus élevés de bruit nous agressent, nous sommes constamment poussés à produire plus et plus vite et malgré la richesse globale qui croît, nous vivons dans une insécurité toujours plus considérable;

– notre environnement physique — l'air, l'eau, le paysage — est de plus en plus pollué ; on estime à 15 000 le nombre de lacs au Québec qui sont ou déjà morts, ou sérieusement menacés à cause des pluies acides ; nos sources d'approvisionnement en eau potable sont de plus en plus contaminées par des produits qui échappent totalement aux processus de filtration actuellement utilisés ;

– nous rejetons et marginalisons tous ceux-là qui ne peuvent plus participer à la grande foire de la consommation parce qu'ils n'en ont pas ou n'en ont plus les moyens : les sans-travail, les retraités, les malades chroniques... Notre société valorise l'avoir et la capacité d'acheter au détriment de l'être, des valeurs personnelles, de la vie.

Ces façons de vivre, il faut bien l'admettre, sont aux antipodes de celles de nos ancêtres ; pourtant, nous avons les mêmes caractéristiques physiques, psychiques et sociales qu'eux. Pas étonnant alors que nous souffrions d'inadaptation et que nous soyons malades de ces maladies qu'on nomme « de civilisation » : les divers cancers, les maladies du cœur et des vaisseaux, le diabète, l'hypertension artérielle, la dépression, la fatigue chronique, le *burn out*... C'est notre civilisation qui est malade, ce sont nos façons de vivre qui ne conviennent pas à notre nature.

Si nous voulons parvenir à la santé, c'est-à-dire arriver à cet équilibre avec notre environnement pris au sens large, nous disposons de deux voies : modifier ce qui dans notre environnement et dans nos façons de vivre s'avère néfaste ou nous modifier nous-mêmes pour nous adapter aux conditions dans lesquelles nous vivons. La médecine s'est lancée à fond de train dans la seconde voie et par divers artifices, elle essaie de trouver les moyens de réparer les organismes affectés par les nombreuses agressions qui caractérisent la vie moderne; mais ses transplantations d'organes, ses cœurs artificiels et sa chimiothérapie ne sont pas toujours efficaces; de plus, ces techniques sont fort coûteuses et jamais elles ne pourront être mises à la disposition de l'ensemble de la population. Reste l'autre voie, que nous explorerons plus loin.

S'adapter, mais à quel prix ?

Tout en possédant les mêmes caractéristiques de base que nos ancêtres, nous vivons dans un environnement physique et social totalement différent du leur. Même si nous semblons pouvoir nous ajuster à presque n'importe quelles conditions, il ne faudrait pas se méprendre: cette adaptation s'effectue souvent à notre détriment à long terme. Les ouvriers qui travaillent au milieu d'un bruit intense s'habituent à la longue: ils n'entendent plus ce bruit puisqu'ils deviennent sourds! Les premiers contacts avec la pollution atmosphérique qui caractérise de nombreuses villes provoquent de l'irritation des voies respiratoires supérieures; après une exposition prolongée, ces conduits ne réagissent plus et ne causent plus de symptômes, car une partie des cils qui les tapissent sont détruits; l'air vicié passe alors librement dans les alvéoles pulmonaires, où il exerce ses effets destructeurs. Les maladies de civilisation constituent finalement la rançon que nous devons payer pour notre «adaptation» à des conditions pour lesquelles nos organismes ne sont pas préparés.

Les facteurs de longévité

Rares sont les gens qui n'accueilleraient pas avec beaucoup de joie des moyens de prolonger leur vie ou de retarder leur vieillesse. Mais la nature humaine étant ce qu'elle est, la plupart des gens sont à la recherche de solutions faciles et rapides, qui n'exigent à peu près rien d'eux. Aussi, quand la rumeur veut que dans un coin du monde, une bonne partie de la population vive jusqu'à un âge avancé, on y dépêche des équipes d'enquêteurs dans l'espoir qu'elles découvrent la recette tant convoitée. Diverses substances comme la gelée royale des abeilles, le ginseng, le kéfir et quoi d'autre encore ont été « révélées » comme des formules aux effets rajeunissants ; mais leur efficacité n'a jamais pu être incontestablement démontrée.

Par contre, la plupart des enquêtes sérieuses sur les groupes à longévité supérieure ont révélé que ces gens présentaient presque toutes les caractéristiques suivantes :

- ils mangent peu, souvent moins que ce que nous considérons comme une consommation calorique idéale ; la viande et l'alcool n'entrent pas dans leur diète habituelle, mais sont ingérés à l'occasion seulement ;
- ils ne fument pas ;
- ils sont en contact étroit avec la nature, ne vivant pas dans de grandes villes ; la faible taille des villages où ils habitent permet qu'il y existe un fort sentiment communautaire ;
- ils travaillent dur physiquement tant qu'ils n'ont pas d'empêchements majeurs, ne connaissent pas de retraite à âge fixe et diminuent très lentement leur participation aux travaux, ce qui leur permet de continuer à être utiles jusqu'à leur mort ;

– ils vivent dans des communautés où les vieillards sont respectés et considérés comme des sages dont la longue expérience est un bien précieux.

Certes, il existe des individus qui, vivant dans des contextes fort différents, arrivent à un âge très avancé ; mais ces personnes étaient sans doute dotées d'un bagage génétique bien particulier qui leur a permis de résister aux agressions qui ont emporté les autres. Par contre, quand l'ensemble d'un groupe réussit à atteindre un âge avancé et quand on retrouve, chez les groupes à forte longévité où qu'ils vivent, à peu près toujours les mêmes conditions de vie, il est fort probable que ces conditions de vie constituent un facteur de longévité important. Au lieu de continuer à chercher les élixirs de jeunesse ou les fontaines de jouvence magiques, nous devrions accepter les leçons qui nous sont fournies par ces groupes qui réussissent là où nous échouons.

Les piliers de la santé

Nous ne pouvons, du jour au lendemain, modifier nos façons de vivre pour les aligner sur celles de ces gens qui réussissent à atteindre une vieillesse respectable. Par contre, il est possible de transposer, d'une certaine façon, l'essentiel du style de vie traditionnel pour que nos conditions de vie répondent à nos véritables besoins. Il me semble que notre santé repose en effet sur cinq bases ou cinq piliers :

– une alimentation appropriée ;

– de l'activité physique en quantité et qualité adéquates ;

– des mécanismes de lutte contre le stress ;

– un environnement sain ;

– un minimum de bonheur.

Un peu comme pour la maison bâtie sur pilotis, la solidité de chacun des piliers est importante pour notre santé ; en renforcer un au détriment des autres n'est donc pas recommandable. On voit souvent des gens qui se lancent à corps perdu dans l'« alimentation-santé » et qui se rendent malades, ou des « maniaques » de l'exercice qui se déséquilibrent totalement.

La santé n'est pas une fin en soi ; il ne s'agit donc pas de percevoir les piliers de la santé comme des tâches auxquelles il faudrait consacrer tout son temps. Je les conçois davantage comme des orientations qui nous aident à prendre nos décisions, à organiser notre vie pour qu'elle soit équilibrée et en harmonie avec nos besoins. Bien sûr que pour certaines personnes plongées dans la société de consommation, des révisions profondes s'avéreront nécessaires si elles veulent retrouver le chemin de la santé ; mais une fois ces coups de barre donnés et l'élan pris, les efforts à consentir deviennent moins considérables ; par contre, une certaine vigilance reste de mise car les solutions de facilité s'offrent en grand nombre ; et elles risquent de nous éloigner encore de la santé.

Chapitre 3

Manger pour répondre à ses besoins

Chaque année, 96 p. 100 de tous les atomes qui composent notre corps sont remplacés. Nos aliments nous fournissent une bonne proportion des matériaux nécessaires à la reconstruction incessante de notre organisme; si leur qualité laisse à désirer, il y a de forts risques que les résultats de la reconstruction s'en ressentiront. Or nous mangeons la plupart du temps très mal et nous devons payer un coût considérable pour ce travers: de nombreuses maladies sont liées à l'alimentation et elles entraînent une réduction de la durée de vie de bien des gens, diminuent certainement la qualité de vie d'un grand nombre et entraînent des dépenses élevées en soins médicaux et hospitaliers.

Les défauts de notre alimentation ne nous sont pas particuliers: on les retrouve dans tous les pays industrialisés. Ils sont la conséquence directe de l'industrialisation croissante de ce secteur vital; on assiste en effet à une concentration progressive de la production agricole. « Au cours des trois dernières années, constate Claude Lafleur, économiste en chef à l'Union des producteurs agricoles du Québec, 350 000 fermes américaines, surtout des fermes familiales, sont disparues[1]. » « En dix ans, le Québec a perdu 20 p. 100 de ses fermes », nous apprenait le recensement de 1991[2]. Ces faillites ne sont pas l'effet du hasard, elles sont voulues et causées par la grande industrie qui s'empare ainsi de ces fermes et augmente constamment sa part de la production agricole. La culture et l'élevage ainsi que la préparation et la mise en marché des aliments relèvent de plus en plus des multinationales de l'alimentation, ce qui n'est pas sans conséquences :

- la production agricole requiert maintenant 55 kilos de fertilisants synthétiques par personne par année ; de plus, bon nombre d'animaux d'élevage reçoivent des doses quotidiennes d'hormones et d'antibiotiques, pour accélérer leur croissance et pour les protéger d'éventuelles maladies infectieuses ;
- l'ingénierie génétique a permis la mise au point de variétés de fruits et de légumes qui répondent parfaitement aux besoins industriels (cueillette mécanique, conservation longue, apparence uniforme, etc.), mais elle a conduit à l'élimination du commerce d'une foule de variétés qui avaient plus de valeur nutritive ;
- la publicité pousse à la consommation des aliments les plus transformés, car ce sont ces aliments qui rapportent les plus grands profits à l'industrie. Il existe plus de 50 000 produits alimentaires différents qui rendent de plus en plus difficile un choix judicieux ;

---

1. *La Terre de chez nous,* 29 octobre 1992.
2. *La Terre de chez nous,* 11 juin 1992.

– la transformation des aliments signifie le retrait d'une partie des nutriments contenus dans les ingrédients de base (en particulier les fibres de cellulose, des minéraux et des vitamines), la surutilisation d'ingrédients sans grande valeur et parfois nuisibles, comme le sucre blanc et différents gras, et l'addition de substances chimiques pour fins cosmétiques ou autres (le sel, les colorants, etc.) dont souvent, on ne connaît pas les effets à long terme.

Un exemple des effets des transformations nous est fourni par le pain, qui constitue un de nos aliments de base :

Pourcentage des nutriments du pain blanc par rapport au pain de blé entier

Fibres de cellulose	22 %	Vitamine B_6	22 %
Chrome	28 %	Vitamine E	4 %
Cuivre	45 %	Acide folique	50 %
Potassium	38 %	Acide pantothénique	56 %
Manganèse	12 %	Fer	82 %
Zinc	38 %	Calcium	178 %
Magnésium	28 %	Thiamine	114 %
Protéines	80 %	Riboflavine	114 %
		Niacine	89 %

Tiré de *Nutrition Action*, novembre 1980.

Il est à noter que les cinq derniers constituants se trouvent en grande quantité dans la farine blanche parce que les gouvernements obligent les manufacturiers à les y ajouter ; comme il s'agit alors de produits artificiels, on peut se demander s'ils sont aussi bien absorbés.

Entre 1910 et 1980, le Nord-Américain moyen a augmenté de 34 p. 100 sa consommation de gras et de 45 p. 100 son ingestion de sucres raffinés ; chaque Américain consomme environ 400 bouteilles de boissons gazeuses par année. Tous ces changements radicaux dans l'alimentation causent déjà d'énormes problèmes ; qu'en sera-t-il dans quelques années, vu que ces modifications continuent à se produire à un rythme accéléré ?

Les défauts de notre alimentation

Malgré les dénégations de l'industrie alimentaire, qui poursuit ses incessantes pressions pour empêcher toute intervention gouvernementale efficace, nous savons aujourd'hui sans l'ombre d'un doute que l'alimentation de la plupart des gens est déséquilibrée à plusieurs points de vue et que cela entraîne de multiples conséquences.

Nous mangeons trop de viande : la viande est une source importante de protéines, mais aussi de gras, car les fibres musculaires qui constituent la viande sont toujours enrobées de graisse. La viande rouge — et tout particulièrement celle qui vient des coupes les plus tendres, provenant des muscles qui ont le moins travaillé et où il s'est déposé davantage de graisse — est celle qui contient la plus forte proportion de gras ; un steak de surlonge comprend un tiers de graisse. Les techniques d'élevage industriel — l'immobilisation des animaux, l'addition d'hormones aux moulées, la manipulation génétique en vue d'accélérer la croissance — font que les animaux sont beaucoup plus gras aujourd'hui qu'anciennement. Ainsi, la proportion de gras dans le poulet a triplé dans les trois dernières décennies. De 5,1 grammes par portion de 100 grammes, le gras est monté à 15,6. Les poulets, que les producteurs devaient nourrir pendant 12 semaines pour leur permettre d'atteindre un poids de 2 kilos, peuvent maintenant passer à l'abattoir à 6 semaines.

Le lien entre une forte proportion de protéines animales dans l'alimentation et la maladie n'est pas établi à coup sûr ; cependant, des associations ont été faites entre ce type de régime et le cancer du côlon, l'artériosclérose (et les maladies des vaisseaux) et l'ostéoporose ; mais tout cela reste à prouver. La consommation de viande provoque une acidification de l'organisme, laquelle est compensée par la mobilisation des réserves de minéraux, dont le précieux calcium ; cela conduit à l'affaiblissement des structures des dents et par conséquent à une augmentation des caries ; à plus long terme, à un affaiblissement des os, du système cardio-vasculaire et même du système immunitaire, pour lesquels on connaît maintenant l'importance du calcium. L'augmentation de la proportion de graisse dans la diète, un effet assuré d'une grande consommation de viande, s'avère également souvent néfaste.

Nous mangeons trop gras : parce que nous consommons beaucoup de viande, parce que nous choisissons des viandes tendres ou « de choix », parce que nous mangeons des aliments frits, parce que nous achetons des plats cuisinés cuits dans la graisse animale, une large part de nos calories — plus de 40 p. 100 — nous sont fournies par des graisses. Or il n'y a aucun doute aujourd'hui là-dessus : un régime riche en graisses est un facteur important de maladie cardiaque, d'accidents cérébro-vasculaires et de certains types de cancer, dont ceux du sein et du côlon, les plus fréquents chez nous.

Nous mangeons trop de sucres raffinés : même si, dans nos maisons, nous achetons moins de sucre qu'avant, notre consommation *per capita* continue à augmenter parce que l'industrie en utilise de plus en plus dans des produits toujours plus nombreux : dans les sauces, dans les fruits en conserve, dans le beurre d'arachide, dans le ketchup, dans les céréales préparées, etc. Depuis 1960, la consommation de sucre a augmenté de 25 p. 100. Le rôle du sucre dans la carie dentaire est bien établi ; son lien fréquent avec le diabète et l'hypoglycémie est également bien connu.

Nous ne mangeons pas assez de fibres : comme une proportion importante de nos aliments a été transformée par l'industrie et nettoyée de ses fibres, et comme nous consommons toujours plus de viande, qui ne contient aucune fibre, notre diète s'avère de plus en plus pauvre en résidus. Ce manque de fibres explique une large part des problèmes de constipation ; de plus, nombre de spécialistes en nutrition croient que cette caractéristique de notre alimentation exercerait une influence importante dans la genèse de plusieurs maladies, notamment les maladies cardio-vasculaires, la diverticulose, le cancer du côlon et du rectum et les hémorroïdes.

Nous consommons trop de sel : même quand nous n'utilisons jamais la salière, nous mangeons trop de sel dès que nous ingérons des aliments préparés au restaurant ou modifiés par l'industrie. Un repas au poulet Kentucky contient une cuillerée à thé de sel de même qu'un repas de bœuf congelé ; presque tous les aliments en conserve, toutes les viandes préparées (salami, saucisses fumées, etc.), tous les plats cuisinés — jusqu'aux crèmes-desserts *Laura Secord* — comportent des proportions importantes de sel. Le sel est un facteur prépondérant dans l'hypertension artérielle, de plus en plus fréquente.

Nos aliments contiennent de plus en plus d'additifs divers : sur les deux kilos de résidus chimiques divers qui se retrouvent chaque année dans notre assiette, il en est certains qui n'ont probablement aucun effet sur la santé, mais d'autres risquent de nous affecter un jour, en particulier parce qu'ils se déposent dans l'organisme. Il y a quelques années, l'utilisation du DDT a été interdite aux États-Unis et au Canada ; ce produit continue cependant à être fabriqué aux États-Unis pour exportation et il nous revient dans certains aliments, comme dans les fraises importées du Mexique ; de plus, les quantités importantes qui en avaient été lancées dans la nature s'y trouvent encore ; le lait humain est contaminé à certains endroits. Même si l'usage du DDT a été restreint, ce produit a été remplacé par d'autres qui sont aussi dangereux. Les hormones et les antibiotiques employés pour hâter la croissance des animaux se retrouvent aussi à l'état de traces dans nos aliments ; déjà, on sait que cette large diffusion des antibiotiques est l'une des causes de la résistance que certaines bactéries ont développée aux antibiotiques.

Nous mangeons trop par rapport à nos besoins : nos aliments qui contiennent beaucoup de viande, de gras et peu de fibres sont très concentrés en calories ; et comme généralement, nous faisons de moins en moins d'activité physique, notre consommation de calories excède très facilement notre dépense. On dit que près de 50 p. 100 de la population adulte du Québec serait obèse ; il se peut que ce chiffre soit exagéré, car longtemps, on a eu tendance à fixer la « normale » trop bas ; mais de toute évidence, bien des gens dépassent de beaucoup leur poids idéal ; ils le voient dans leur miroir, ils ne sont pas à l'aise dans leurs mouvements et « courent après leur souffle » quand ils ont à fournir un effort. À plus long terme, ils courent plus de risques de souffrir d'hypertension artérielle, de diabète et de maladie cardiaque.

Notre type d'alimentation est dangereux pour l'environnement : l'impressionnante proportion de produits animaux dans l'alimentation nord-américaine est la cause de nombreux déséquilibres écologiques : les surplus de purin de porc et les autres fumiers qui contaminent nos rivières ; dans certains pays, la déforestation pour l'accroissement des pâturages ; la destruction de la végétation et la désertification de certains sols par surpopulation animale. Il est difficile d'imaginer que le *hamburger* que nous achetons puisse avoir toutes ces conséquences ; pourtant, quand notre comportement est multiplié par des millions d'individus, nous arrivons à ces résultats. Pour le commerce, notre planète n'est qu'un petit village et nos comportements à un endroit ont des effets lointains trop souvent insoupçonnés. Ainsi, le développement de gigantesques fermes d'élevage de bétail en Amérique centrale permet que nous payions nos *hamburgers* cinq cents de moins ; mais il faut voir quelles sont les conséquences de ces fermes pour les familles rurales de la région ! Beaucoup de pays du tiers monde doivent modifier leurs traditions agricoles pour s'ajuster à la demande des pays riches. *La production d'un kilo de viande requiert entre 10 et 15 kilos de céréales, lesquelles pourraient servir directement à l'alimentation humaine.* Si dans nos sociétés industrialisées, nous diminuions notre consommation de viande, nous aurions donc besoin de produire beaucoup moins de céréales, le recours aux engrais chimiques et aux pesticides serait moins grand et nous aurions en même temps assez de céréales pour nourrir plus de gens.

Répondre à ses besoins

L'alimentation a été transformée en source de profit par l'industrie. La médecine, de son côté, en a fait une ordonnance : quand vous avez un taux de cholestérol sanguin élevé, le médecin vous prescrit une diète pour faire baisser votre cholestérol ; si vous êtes obèse, c'est une diète hypocalorique qui vous convient ; pour l'hypertension artérielle, une diète sans sel et ainsi de suite. La médecine fractionnée continue son approche parcellisée ; elle tente de réparer le tort déjà fait sans trop se préoccuper de l'ensemble et le pauvre « patient » se retrouve avec une série de directives précises — tant de grammes de ceci, pas trop de grammes de cela ; le tout est si complexe que même les diététistes n'arrivent pas à le suivre fidèlement !

En transformant l'alimentation en prescription, la médecine contribue aussi à mystifier une activité où antérieurement l'instinct et la sagesse populaire réussissaient à guider les gens fort adéquatement. D'ailleurs, les prescriptions alimentaires médicales sont souvent d'une utilité douteuse ; pendant des années, la médecine a recommandé une diète sans résidus pour le traitement de la diverticulose alors que, comme on l'a découvert plus tard, la diverticulose est en large part causée par une diète sans résidus ! Les calories alimentaires sont calculées en laboratoire, mais dans les organismes humains si différents les uns des autres, les aliments ne fournissent pas du tout la même énergie, si bien que le même régime suivi par deux personnes peut ne pas donner les mêmes effets.

Au lieu de diètes compliquées, de règles strictes et d'interdictions multiples, il me semble plus avantageux d'essayer de raisonner son alimentation ; et il est possible de le faire en appliquant les principes généraux suivants :

1. Les aliments les moins transformés sont les meilleurs

La transformation industrielle ajoute des produits indésirables et enlève des éléments importants (fibres, vitamines, etc.) ; même dans nos cuisines, nous diminuons la valeur des aliments en les cuisant trop, en les congelant, en leur ajoutant du sel, des sauces, du sucre ou d'autres éléments. La cuisson, en particulier, détruit beaucoup de vitamines et rend inassimilables des sels minéraux essentiels ; de plus, elle réduit considérablement la teneur en fibres des aliments. Prenons le chou-fleur, par exemple. À poids égal, ce légume cru contient plus de potassium, de calcium, de fer, de thiamine et de vitamine C que lorsqu'il est cuit. Une portion de 100 grammes d'épinards crus fournit 20 milligrammes de plus de vitamine C que la même quantité cuite. Les arachides crues ont trois fois plus de thiamine que rôties.

Peut-être à cause des vitamines dont les légumes crus regorgent, de certaines enzymes qu'ils contiennent ou du fait qu'ils accélèrent le transit intestinal grâce à leur teneur en fibres, une alimentation riche en légumes crus semble protéger de plusieurs maladies. Toute alimentation, qu'elle soit végétarienne ou non, devrait comporter une large part de fruits et de légumes crus.

2. Nous avons tout intérêt à manger le moins de viande possible

On peut aujourd'hui, notamment en s'inspirant de la cuisine de cultures diverses, préparer une foule de mets qui contiennent peu ou pas de viande et qui n'en demeurent pas moins savoureux et nourrissants. Il y a aussi intérêt à remplacer la viande par le poisson et les fruits de mer; et, si l'on consomme de la viande, choisir la viande blanche et les abats de temps à autre, mais toujours en petite quantité et pas trop souvent — trois ou quatre fois par semaine par exemple. Sans en faire un dogme ni un absolu, le végétarisme plus ou moins pur constitue certainement un atout précieux pour notre santé personnelle et, comme nous l'avons vu, pour l'équilibre de la planète.

3. Les aliments de culture biologique sont préférables

Toutes les substances artificielles utilisées dans la culture des aliments — engrais, herbicides, pesticides, antibiotiques et hormones — se retrouvent dans notre assiette en quantités plus ou moins importantes et elles risquent de nuire à notre santé ; de plus, l'emploi de tous ces produits conduit à la production de fruits et de légumes déséquilibrés dans leur composition, ce qui risque aussi de nous déséquilibrer. Sur le plan écologique, les méthodes modernes d'agriculture nous acheminent vers des désastres imminents.

4. Nos instincts peuvent être d'excellents guides pour bien nous alimenter

Nous avons progressivement mis de côté nos instincts pour les remplacer par des comportements prétendument appuyés sur des connaissances « scientifiques » ; mais nos connaissances ne sont que fragmentaires et ne tiennent pas compte, la plupart du temps, de la diversité humaine. On peut fournir au bébé naissant les glucides, protides et lipides dont il a besoin par d'autres moyens que l'allaitement au sein ; mais l'allaitement maternel n'est pas qu'un transfert de nutriments... L'organisme humain n'est pas une machine dans laquelle il faut déverser un certain nombre de calories aux trois ou quatre heures. Toutes les calories ne sont pas égales et tous n'ont pas les mêmes besoins en calories et en divers nutriments. Les recommandations diététiques ne tiennent pas compte de ces différences. C'est finalement chacun de nous qui peut savoir quand manger, en quelle quantité et même quoi ingérer ; ce n'est pas sans raison qu'à des moments donnés, nous avons une préférence pour certains aliments.

Bien sûr qu'il n'est pas facile de distinguer, dans notre monde de publicité (parfois même subliminale), entre les faux besoins, les goûts et les instincts profonds. Il est clair que notre instinct ne peut nous guider pour choisir telle sauce ou telle autre ; quand nous avons envie de manger des croustilles ou de boire une eau gazeuse, ce n'est pas notre instinct qui nous inspire. Mais devant des aliments « nature », la situation est différente. Évidemment, il faut prévoir une période d'apprentissage et de tâtonnements avant d'arriver à bien comprendre les messages de notre corps. Ces expériences ne sont cependant pas dangereuses; il y a quelques années, on a laissé de très jeunes enfants s'alimenter à leur goût dans une cafétéria et on s'est rendu compte que leur consommation alimentaire totale était, après quelques jours, globalement équilibrée même si à certains repas, ils ne mangeaient que d'un seul mets.

Manger est un des plaisirs de la vie. Il est possible de s'alimenter pour répondre à la fois à ses besoins et à ses goûts.

Ces quatre principes semblent radicaux et sont pratiquement inapplicables à la lettre : à moins d'être autosuffisant, comment s'alimenter entièrement à partir de nourriture dite biologique ? Que faire quand il faut manger hors de chez soi ? En fait, ces principes devraient être pris comme des orientations générales ; bien s'alimenter, ce n'est pas une question de tout ou rien dans laquelle le moindre écart annihilerait les efforts antérieurs. En tentant de se nourrir selon ces principes, en choisissant par exemple les aliments les moins transformés, le plus souvent possible biologiques, en mangeant pour répondre à son appétit quand il se fait sentir, déjà on s'assure d'une excellente base. Il ne s'agit pas de nous transformer en « maniaques de l'alimentation naturelle » qui doivent s'isoler de la société pour s'alimenter selon leurs règles ; les relations humaines aussi sont importantes. D'ailleurs, ce n'est pas un écart de temps à autre qui peut nuire à long terme, ce sont les petits abus réguliers qui sont les plus dangereux.

Les produits biologiques ne sont pas aisément accessibles à l'heure actuelle ; par contre, il est de plus en plus facile de se procurer céréales, légumineuses, noix et autres produits non transformés. La préoccupation croissante pour une meilleure alimentation a amené la multiplication des magasins dits « de santé » ; on y trouve côte à côte le meilleur et le pire, car la recherche du profit y prend souvent plus d'importance que la santé des clients. Heureusement, il y a de plus en plus de producteurs biologiques qui vendent directement leurs produits au public[3] ; il existe maintenant aussi des associations producteur-consommateurs dans lesquelles les consommateurs commandent à l'avance les fruits et légumes dont ils auront besoin, ce qui offre au producteur la possibilité d'une meilleure planification et l'assurance d'un certain revenu. Il y a enfin moyen de faire son propre potager si on dispose d'un peu de terrain autour de son logement ou encore, de participer à des jardins communautaires ou coopératifs.

3. On trouvera en annexe une liste d'endroits où s'approvisionner en fruits et légumes biologiques.

CHAPITRE 4
Faire bouger son corps

LE CORPS HUMAIN est une structure vivante qui a constamment besoin d'être utilisée pour bien fonctionner. Or dans notre civilisation, la plupart des gens ont un style de vie trop sédentaire : nos travaux requièrent de moins en moins la contribution de notre force musculaire, nos moyens de transport sont motorisés, nos appareils ménagers également ; enfin, nos loisirs sont très souvent passifs : nous sommes à l'ère du sport-spectacle et de la télévision.

On peut définir un individu en bonne condition physique de la façon suivante : « Celui qui est capable de s'acquitter de ses tâches quotidiennes avec vigueur, tout en conservant suffisamment d'énergie pour pouvoir profiter activement de ses temps de loisir et tolérer une situation d'urgence physique qui pourrait survenir[1] ». Je ne connais personne qui ne voudrait se sentir ainsi ; or une bonne condition physique est accessible à la plupart des gens, dans la mesure où ils s'organisent pour faire un minimum

1. Yvan D'Amours, *Activité physique, santé et maladie,* Montréal, Québec/Amérique, 1988, p. 22.

d'activité physique. Car nous ne pouvons y échapper : même si nous jouissons d'une excellente hérédité et que nous sommes dotés des meilleurs attributs physiques, il nous faut admettre que l'activité physique est nécessaire à cinq titres :

– pour équilibrer le rapport consommation-dépense d'énergie ; avec l'alimentation riche en calories que nous avons, cet équilibre est souvent rompu, ce qui conduit à l'obésité ou à tout le moins à un pourcentage trop élevé de graisse dans l'organisme ;

– pour permettre le développement et le fonctionnement optimal des organes internes, comme le cœur et les intestins ;

– pour faciliter le développement maximal du système de transport et d'utilisation de l'oxygène, élément essentiel au bon fonctionnement de tout l'organisme ;

– pour développer les différents muscles et nous donner un meilleur contrôle sur notre corps ;

– pour maintenir la souplesse des diverses articulations.

Les effets à long terme sur la santé

À ce jour, nous n'avons pas de preuve absolument irréfutable que l'activité physique pourrait prolonger la vie ; par contre, il est certain que l'activité physique régulière peut retarder considérablement le vieillissement, au sens où la personne évitera plus longtemps ou même totalement ces symptômes qu'on attribue généralement à l'âge : l'essoufflement au moindre mouvement, la diminution de la force musculaire et la fatigue rapide, le raidissement des articulations et l'ostéoporose avec les fractures fréquentes qu'elle entraîne. Il faut aussi mettre au compte de l'activité physique régulière la prévention d'un bon nombre de maladies. Comme le souligne Fernand Landry,

> les études épidémiologiques les plus récentes et les plus crédibles confirment d'ailleurs que les citoyens qui sont les plus actifs physiquement (travail ou loisirs) tendent à avoir :
>
> – des tensions artérielles systoliques et diastoliques[2] plus basses ;
>
> – des concentrations plus basses de cholestérol, de triglycérides, d'acide urique et souvent une meilleure tolérance au glucose ;
>
> – des concentrations moins élevées de lipoprotéines de faible densité et des rapports HDL/LDL[3] plus élevés, cela en dépit de types d'alimentation disparates ;
>
> – des pourcentages de graisse dans la masse corporelle en corrélation négative avec le degré d'activité physique, mais en corrélation positive avec la tension artérielle et les lipides sanguins ;
>
> – un risque significativement moins élevé de décès dans l'éventualité de l'accident coronarien[4].

Il faut également souligner la sensation de bien-être et la joie de vivre que ressentent souvent les personnes qui font beaucoup d'activité physique ; cet effet est peut-être plus important qu'on ne croit, car il semble bien que l'activité physique soit une excellente façon de préserver son équilibre mental ; des gens atteints de dépression ont pu

---

2. La tension systolique est la pression mesurée dans les artères quand le cœur est en contraction, alors que la tension diastolique est la pression quand le cœur est au repos.

3. HDL : *High Density Lipoproteins*; LDL : *Low Density Lipoproteins.*

4. Fernand Landry, « L'activité physique au service de la santé », *Le médecin du Québec,* juin 1980.

sortir de leur état grâce à la course à pied ou à la marche, par exemple.

Comment trouver le temps?

Bien des gens conçoivent l'exercice physique comme du temps mort, des heures qu'il faut consacrer à une activité exclusivement orientée vers la santé. Avec les sollicitations de la vie moderne, il est souvent difficile de loger dans son horaire quelques heures chaque semaine; aussi, malgré les bonnes intentions, les programmes de conditionnement physique connaissent-ils des taux élevés d'abandon. En fait, il serait important de se libérer de cette conception de l'activité physique comme d'un exercice qui se réalise en gymnase à heures fixes. Certes, nous avons besoin de faire travailler notre corps un certain nombre d'heures par semaine, mais nous pouvons y arriver par des activités intégrées à notre vie. C'est possible, si nous acceptons de mettre de côté certains de nos appareils motorisés qui, en ménageant nos efforts, nous rendent finalement un mauvais service; si nous devenons moins esclaves de l'automobile pour nos déplacements; si nous participons davantage aux activités sportives, au lieu de regarder les autres les faire.

Mine de rien, chaque petit appareil qui pénètre dans la maison, dans l'atelier de bricolage ou au jardin nous prive d'une certaine quantité d'exercice. On a calculé, par exemple, qu'une secrétaire qui passait d'une machine à écrire manuelle à une machine électrique engraissait de trois livres au bout d'un an, si elle ne changeait rien d'autre à sa vie! Les appareils téléphoniques supplémentaires qui nous évitent des pas, les souffleuses à neige pour nos petites entrées, les scies électriques pour nos quelques planches, les ouvre-boîtes électriques, les tondeuses à gazon à moteur... combien d'appareils qui nous permettent peut-être de sauver un peu de temps, mais qui ménagent surtout des efforts... qu'il ne faut justement pas éviter ! Et que dire de l'automobile ? Il y a bien des gens qui ne quittent plus jamais à pied leur domicile, même pour faire des courses à quelques centaines de mètres de chez eux. Quant aux sports, leur variété et leur accessibilité permettent à chacun, quels que soient ses revenus ou ses aptitudes, de trouver une activité qui lui plaise et qui en même temps contribue à améliorer sa condition physique.

Rares sont les activités qui répondent en même temps à tous nos besoins d'exercice, c'est-à-dire qui font travailler le cœur, développent la force musculaire et l'endurance et améliorent la souplesse. Il est donc nécessaire de varier considérablement les formes d'activités pratiquées. Au lieu de concevoir l'exercice comme une obligation, comme une sorte de punition ou encore comme un rituel qu'il faut accomplir de telle heure à telle heure, pourquoi ne pas l'intégrer à sa vie de tous les jours, pourquoi ne pas faire de sa vie une activité incessante ? Constamment nous sommes confrontés à des situations où nous avons des choix à faire ; mais nous sommes tellement habitués au moindre effort que nous ne voyons même plus cette possibilité de choisir. Dans le métro, quand il y a côte à côte un escalier mobile et un escalier ordinaire, nous nous engouffrons automatiquement dans l'escalier mobile. Quand nous devons nous déplacer, nous sautons dans l'automobile ou l'autobus sans même envisager que nous pourrions marcher ou prendre notre bicyclette. Si nous choisissions la plupart du temps l'activité plutôt que la passivité, déjà nous répondrions à une large part de notre besoin d'exercice. Peut-être ensuite faudrait-il compléter par quelques activités spéciales pour combler nos besoins non satisfaits, mais en fin de compte, cela requerrait probablement peu de temps.

Des études effectuées par le docteur Ralph Paffenbarger de l'université Stanford ont montré que des activités suffisantes pour brûler environ 300 calories par jour — l'équivalent d'environ une heure de marche à un bon pas — diminuent considérablement les risques d'attaque cardiaque[5]; d'autres études montrent que cette quantité d'exercice suffit pour éviter l'ostéoporose. Voici quelques travaux qui peuvent remplacer une heure de marche :

- faire du jardinage (pendant une heure) ;
- tondre le gazon (40 minutes) ;
- scier du bois manuellement (20 minutes) ;
- fendre du bois à la hache (20 minutes) ;
- charger des objets pesants (40 minutes) ;
- pelleter de la neige (30 minutes) ;
- laver un plancher à genoux (30 minutes) ;
- laver un plancher à la vadrouille (40 minutes) ;
- monter 20 étages d'escaliers.

Les sports nous fournissent aussi l'occasion de dépenser beaucoup d'énergie, de faire travailler certains muscles et de garder notre souplesse. En conservant comme référence une heure de marche, voici l'équivalent en temps pour certains sports :

- badminton (pendant 45 minutes) ;

---

5. Cité par Robert Buxbaum, *The Harvard Medical School Health Letter,* avril 1982.

- quilles (70 minutes) ;
- basket-ball (30 minutes) ;
- ski alpin (30 minutes) ;
- volley-ball (75 minutes) ;
- soccer (30 minutes) ;
- haltérophilie (30 minutes) ;
- squash (25 minutes) ;
- hockey (20 minutes) ;
- patinage (40 minutes) ;
- tennis (simple, 35 minutes).

Y aller progressivement

Plus on a été longtemps inactif et plus on se décide tard dans la vie à devenir actif, plus il faut aller lentement dans sa remise en condition. On estime qu'il est nécessaire de mettre un mois d'activités progressives par année antérieure d'inactivité avant d'atteindre sa condition physique optimale. Toutes ces années d'inactivité peuvent aussi avoir permis l'installation de conditions pathologiques qui rendent dangereux certains types d'activité. Il s'agit donc d'y aller lentement et intelligemment : quand on voit que ça ne va pas, on arrête. Il peut être utile de se faire assister ; beaucoup de centres de loisirs offrent maintenant des cours de conditionnement physique pour les gens qui veulent retrouver leur forme. Il y a finalement très peu de gens — même parmi ceux qui sont atteints de pathologies graves — qui ne peuvent faire d'exercice et qui n'en tirent pas grand profit. Même les personnes très âgées et déjà fort limitées dans leurs mouvements bénéficient énormément de programmes adaptés.

L'activité aérobique

Les activités qui demandent une forte utilisation d'oxygène sont dites aérobiques ; de telles activités mettent à contribution le cœur, qui doit fournir plus de sang aux muscles, les poumons et tout le système musculaire. Plus il y a de muscles qui œuvrent en même temps, plus cet ensemble doit travailler fort. Les activités aérobiques constituent la pierre angulaire du conditionnement physique ; il faut donc s'organiser pour en pratiquer régulièrement et en quantité suffisante. Le minimum requis, pour une personne qui veut se maintenir en forme, est de 30 minutes trois fois par semaine.

Nous faisons une activité aérobique quand nous nous essoufflons, ce qui signifie que notre cœur travaille plus vite ; mais comme nous n'avons pas tous le même poids, comme notre cœur n'a pas la même capacité que celle du voisin ou même que celle que nous aurons dans un an, il est important d'ajuster le rythme de notre activité à notre capacité cardiaque, pour éviter d'exiger trop de cet organe vital.

Quelle que soit l'activité choisie, il faut la faire à une intensité suffisante pour que le cœur batte entre 70 et 85 p. 100 de son rythme maximal. La capacité du cœur diminuant avec l'âge, voici un tableau qui indique dans quelle marge on doit se maintenir, pendant l'activité :

Le rythme cardiaque

Âge	Capacité maximale (battements/minute)	Battements visés (70 à 85% du maximum)
20	200	140 à 170
25	195	137 à 166
30	190	133 à 162
35	185	130 à 157
40	180	126 à 153
45	175	123 à 149
50	170	119 à 145
55	165	116 à 140
60	160	112 à 136
65	155	109 à 132
70	150	105 à 126

On vérifie son rythme cardiaque en prenant son pouls au niveau du poignet ou, ce qui est encore plus facile, au niveau des artères carotides, qui alimentent la tête en sang; ces artères sont aisément repérables dans le cou, de trois à cinq centimètres derrière la ligne médiane du cou, de chaque côté. Il faut prendre son pouls immédiatement après l'arrêt de l'activité (ou en arrêtant en cours d'activité) pendant 15 secondes, puis multiplier le résultat par 4 pour obtenir le rythme cardiaque. Ce sont surtout les activités qui font travailler les muscles des jambes — course à pied, natation, bicyclette, ski nordique et marche — qui permettent le plus grand travail aérobique, car les masses musculaires en jeu sont fort importantes.

Il est possible d'atteindre une bonne condition physique avec à peu près n'importe quel type d'activité physique aérobique. Le principe demeure toujours le même: il faut y aller lentement et graduellement; avec le temps, vous serez capable de faire facilement ce qui était difficile au début. Celles et ceux qui se savent en mauvaise condition physique trouveront à l'annexe II un programme simple fondé sur la marche et la course.

CHAPITRE 5

Prendre le temps de vivre

ON PARLE beaucoup de stress, de nos jours ; mais tous n'accordent pas le même sens à ce terme. C'est Hans Selye qui a popularisé ce concept, le définissant comme « une réponse non spécifique de l'organisme à une quelconque sollicitation [1] ». Chaque fois que nous percevons, consciemment ou non, que nous allons devoir faire quelque chose d'un peu spécial ou d'inhabituel, notre organisme se met en branle et se prépare à l'action ; c'est ce mécanisme, fondamentalement sain, qui est à la base du stress. Sans cette capacité de mobiliser nos ressources pour faire face aux situations sortant de l'ordinaire que nous rencontrons (qu'elles soient agréables ou non), nous serions facilement débordés en maintes occasions ; si ce n'était du stress, nous compterions bien peu de réalisations exceptionnelles de la part des êtres humains. *La Presse* du 24 avril 1982 rapportait l'événement suivant :

> Une mère de famille de 56 ans, Mme Angela Cavallo, a réussi l'exploit de soulever pendant plus d'une minute une grosse

1. *Stress Without Distress*, New York, Lippincott, 1974, p. 27.

voiture américaine pour tenter de dégager son fils coincé sous le véhicule… Le fils de Mme Cavallo travaillait sous sa voiture pesant environ deux tonnes, lorsque le cric soutenant le véhicule a glissé de l'endroit où il était placé. Témoin de la scène, Mme Cavallo s'est immédiatement précipitée vers la voiture, réussissant à soulever l'arrière d'environ 10 cm (4 po) et permettant ainsi à son fils, assommé par le choc, de ne pas périr écrasé sous le châssis. Mme Cavallo a gardé cette position pendant plus d'une minute alors que le fils d'un voisin courait chercher du secours.

Nous n'avons pas tous les jours à soulever des voitures ; mais souvent, nous faisons face à des défis ou des difficultés. Notre organisme ne fait pas de distinction entre une cause qui en vaut la peine et une autre moins valable ni entre un effort physique ou un événement émotionnel ; c'est pourquoi on parle de réponse « non spécifique ».

Le mécanisme du stress

Dans le stress, la mobilisation de la totalité de l'organisme se fait par l'intermédiaire d'hormones qui circulent dans le sang. Les principaux acteurs de cette chaîne d'événements sont *l'hypothalamus,* qui est une partie du cerveau reliée à *l'hypophyse,* cette petite glande à la base du cerveau, et les *glandes surrénales,* posées sur les reins et divisées en deux parties, la périphérie ou *cortico-surrénale* et le centre, la *médullo-surrénale.*

Quand l'organisme perçoit, par sa conscience ou par ses sens, une situation qui peut être exigeante, dangereuse ou désagréable, il déclenche une réaction au niveau de l'hypothalamus, qui donne deux ordres :

– par un réseau compliqué de nerfs, un message est envoyé directement à la glande médullo-surrénale pour lui demander de sécréter de l'adrénaline ;

Le mécanisme du stress

1. Hypothalamus
2. Hypophyse
3. Surrénale
4. Rein

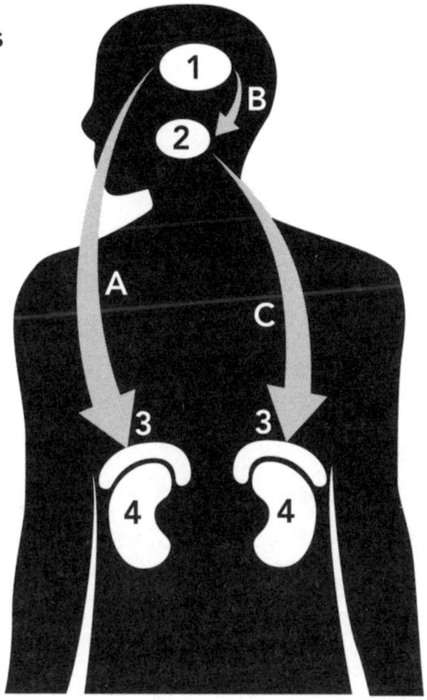

Ordre n° 1

A. Stimulation directe de la médullo-surrénale par l'hypothalamus via les nerfs splanchniques pour la production d'adrénaline.

Ordre n° 2

B. Production d'une hormone-message par l'hypothalamus pour déclencher la production d'ACTH par l'hypophyse.

C. Stimulation de la surrénale par l'ACTH pour la production de corticostéroïdes.

– un autre message nerveux passe à l'hypophyse pour lui signaler de verser dans le sang de l'ACTH, une hormone qui indiquera aux glandes cortico-surrénales de laisser échapper des corticostéroïdes.

L'adrénaline et les corticostéroïdes sont alors distribués un peu partout dans l'organisme par le sang et les divers organes se préparent à l'action : le cœur bat plus vite et plus fort, le taux de sucre augmente dans le sang, etc. Ces changements nous donnent un surplus d'énergie temporaire qui nous permettra d'affronter une situation difficile.

Le mécanisme du stress est donc précieux. Les choses se gâtent quand on y fait appel trop souvent ou lorsque, mis en marche fréquemment, il n'aboutit pas à une action, mais est étouffé ou réprimé.

Les effets du stress chronique

Les hormones sécrétées en situation de stress ont des effets sur tout le corps. Si elles se trouvent toujours en quantité supérieure à la normale, beaucoup de nos fonctions en seront affectées.

L'augmentation du débit cardiaque et de la tension artérielle produite par le stress favorise à la longue le développement d'athérosclérose, surtout chez les gens dont le taux de gras sanguin est élevé. Il s'ensuit des problèmes vasculaires, de l'angine, des infarctus, de l'insuffisance cardiaque ; le stress de chaque jour est considéré par plusieurs chercheurs comme le facteur le plus important dans l'apparition de la crise cardiaque.

L'augmentation du sucre dans le sang peut être un facteur déclenchant du diabète chez les personnes prédisposées. À cause des niveaux élevés de corticostéroïdes en circulation pendant le stress, le système immunitaire de l'individu se trouve affaibli. C'est ce système qui est chargé de combattre les infections et les cellules cancéreuses. Indirectement, le stress peut aussi entraîner une augmentation des cirrhoses du foie, car bien des gens tentent de lutter contre lui en augmentant leur consommation d'alcool.

Certes, d'autres facteurs peuvent être à l'origine des maladies liées au stress; mais de plus en plus d'études démontrent son rôle important dans leur développement; d'ailleurs, on reconnaît de plus en plus son influence dans beaucoup d'autres pathologies.

Ce n'est certainement pas un hasard si au cours des dernières décennies, les maladies liées au stress ont pris une allure épidémique. Dans nos sociétés industrialisées, les conditions sont telles que de plus en plus souvent, nous nous trouvons dans des situations de stress. Il est possible de se dépasser à l'occasion, de se donner au maximum pendant un certain temps; mais à un moment donné, les réserves dans lesquelles nous puisons sont taries, nous arrivons au fond du baril, nous n'avons plus de ressources pour faire face aux agressions qui se poursuivent et nous décompensons.

Une série de facteurs me semblent expliquer pourquoi tellement de gens ont aujourd'hui à souffrir des conséquences du stress:

- **l'environnement physico-social:** le niveau élevé de bruit qui caractérise beaucoup des lieux où nous avons à séjourner une grande partie de notre temps provoque une stimulation constante qui nous met en état d'alerte chronique. Ce bruit qui dénote une activité incessante est aussi lié au rythme de vie accéléré auquel nous avons à vivre. « Le temps est de l'argent », dit-on, et tout invite à nous dépêcher constamment. Il faut passer dans une station de métro vers 17 heures pour percevoir cette frénésie qui anime tant de gens;

- **l'isolement croissant** dans lequel de plus en plus de gens se trouvent contribue à augmenter l'impact négatif des divers événements qui ne peuvent manquer de survenir au cours d'une vie. Le décès d'un conjoint, la maladie d'un proche, un congédiement et nombre d'autres bouleversements ou chocs risquent de nous affecter. Le degré d'impact de chaque événement dépend surtout de deux éléments : le sentiment d'impuissance que ressent la personne devant la situation et le sentiment d'isolement dans lequel elle se trouve. Dans bien des cas d'ailleurs, l'un et l'autre vont de pair. Quand on se sent seul, quand on ne peut compter sur la solidarité des autres, on est davantage écrasé par ce qui arrive, on voit moins facilement comment on pourrait en sortir ;
- **les frustrations, l'insatisfaction et la sensation d'inutilité** constituent, d'après Selye, des causes importantes de stress chronique. La monotonie de plusieurs tâches répétitives ainsi que la hiérarchisation marquée de beaucoup de milieux de travail entraînent souvent ces effets ;
- **l'absence de voies d'expression socialement acceptables** aboutit à l'accumulation des effets du stress. Chaque situation stressante amène la préparation de l'organisme à l'accomplissement d'une action ; or dans bien des circonstances, les gens trouvent inapproprié d'agir. Quand, par exemple, un patron adresse à un employé des reproches injustifiés, la plupart du temps l'employé n'a pas le choix et doit contenir sa réaction. Quand les gens intériorisent à répétition leurs frustrations, quand ils ne trouvent pas le moyen d'évacuer la pression et de dépenser l'énergie qui s'est accumulée en eux, ils courent davantage de risques de souffrir des effets du stress.

Nous ne prenons pas toujours conscience de la façon dont nous vivons. Voici un test qui peut vous aider à vous situer par rapport à votre niveau de stress :

ÊTES-VOUS TROP STRESSÉ(E) ?

Répondre par OUI ou NON aux questions suivantes

	OUI	NON
Êtes-vous le genre de personne qui ne peut s'empêcher de tout faire rapidement : parler, manger, marcher, bouger ?	❑	❑
Êtes-vous un « impatient » ? Vous arrive-t-il de « mettre les mots dans la bouche de quelqu'un » quand cette personne ne parle pas assez vite à votre goût ?	❑	❑
Vous sentez-vous irrité(e) si vous devez faire la queue, si vous êtes pris(e) dans la circulation, etc. ? Devenez-vous crispé(e) sans pouvoir résister à l'envie de klaxonner lorsque la circulation s'arrête ?	❑	❑
Est-ce que cela vous énerve d'observer quelqu'un faire quelque chose que vous vous sentez capable de faire plus vite ?	❑	❑
Vous trouvez-vous souvent en train de faire ou de penser à plusieurs choses en même temps ?	❑	❑
Essayez-vous souvent d'amener la conversation vers les sujets qui vous intéressent, sans égard à ceux qui ont commencé la conversation ?	❑	❑
Est-ce que vous vous sentez vaguement coupable quand vous vous retrouvez sans rien à faire sauf vous reposer ?	❑	❑

➡

	OUI	NON
Est-ce que vous essayez de faire de plus en plus de choses dans de moins en moins de temps?	❑	❑
Est-ce que ça vous dérange quand il arrive quelque chose d'imprévu?	❑	❑
Avez-vous des tics nerveux ou des gestes automatiques? (Par exemple, se mordiller les lèvres, se ronger les ongles ou se tordre les mains).	❑	❑
Croyez-vous que tout succès n'est possible qu'en faisant tout plus vite que d'autres?	❑	❑
Avez-vous peur de ne plus pouvoir faire tout de plus en plus vite? Devez-vous prendre des « remèdes » pour calmer votre nervosité? Ou pour dormir?	❑	❑
Trouvez-vous que c'est du temps perdu d'admirer la beauté dans votre entourage?	❑	❑
Vous sentez-vous fatigué(e) dès le réveil?	❑	❑

Si vous avez répondu affirmativement à la majorité de ces questions, le stress présente un danger réel pour votre santé. Il serait préférable que vous procédiez au plus tôt à certains changements dans votre style de vie. Ce n'est pas toujours facile, loin de là; mais des décisions difficiles à court terme s'avèrent souvent fort satisfaisantes à long terme.

Tiré de *CLSC Santé*, décembre 1978.

Nous ne pouvons ni ne voulons éviter toute occasion de stress dans la vie; ce serait réduire l'existence à une bien ennuyeuse passivité. Les difficultés, les excitations, les déboires parfois, mais aussi les succès constituent le sel de la vie. Il s'agit, ici comme ailleurs, de ne pas dépasser nos limites, de ne pas trop exiger de nous-mêmes, d'apprendre à nous écouter pour fonctionner au mieux de nos possibilités.

Trois directions d'action me semblent s'imposer lorsque nous voulons éviter les conséquences d'une trop grande exposition au stress :

- tenter de diminuer les facteurs de stress, en particulier ceux qui exercent une action constante et conduisent à un stress chronique ;
- réduire son niveau de stress, relâcher la vapeur ;
- éviter les fausses solutions qui nous sont offertes.

Diminuer le stress : certains événements ne peuvent être évités — la perte d'un être cher, une mise à pied, etc. Par contre, nous nous plaçons souvent inutilement dans des situations où nous devons fonctionner sous pression : quand nous ne laissons pas une marge suffisante entre nos rendez-vous, quand nous acceptons trop de responsabilités, quand nous devenons trop compétitifs. Nous nous laissons trop souvent emporter par cette activité fébrile qui agite notre société ; j'aime bien cette réflexion d'Alain Hervé : « Qu'est-ce qui nous presse d'aller si vite à notre mort ? Car nous n'allons que là. Alors, ralentissons, nous avons tout notre temps. Prenons notre temps. Le temps, c'est le luxe, le luxe absolu. On peut vivre autrement. Vivre luxueusement, c'est-à-dire nonchalamment[2]... »

La majorité des gens exposés à des facteurs de stress trop nombreux ne disposent pas des moyens d'influencer ces facteurs ; l'ouvrière de la filature qui travaille devant sa machine au bruit infernal et qui doit constamment courir pour l'alimenter en fil, l'infirmière à qui l'on confie trop

---

2. Alain Hervé, *L'homme sauvage*, Paris, Vivre/Stock, 1979, p. 75.

de malades, le citadin qui habite telle rue encombrée d'automobiles bruyantes, l'assistée sociale harcelée par son agent qui menace de couper ses revenus et tant d'autres ne semblent pas avoir de choix. Tel est effectivement le cas tant qu'ils demeurent isolés ; mais s'ils refusent de rester seuls, s'ils s'engagent dans leurs syndicats, dans les mouvements qui les représentent, s'ils s'unissent aux autres qui rencontrent le même type de problèmes, ils acquièrent un pouvoir de pression non négligeable et surtout, ils développent ces liens de solidarité si essentiels pour l'équilibre mental. Notre société est en grande partie ce qu'elle est parce que nous la laissons définir par tous ces gens qui ont intérêt à ce que nous continuions à demeurer des consommateurs individuels qui essaient d'acheter le bonheur. Si nous voulons vivre autrement, si nous désirons nous donner des conditions qui favorisent notre épanouissement, nous devons nous engager, faire connaître nos revendications et tenter d'infléchir les orientations actuelles.

Réduire le niveau de stress : même quand on met en marche les changements qui s'imposent, leurs résultats ne se produisent pas du jour au lendemain ; d'ailleurs, leur implantation entraîne parfois des luttes ardues elles-mêmes génératrices de tension. Pour tenir le coup, il est donc nécessaire de trouver des moyens qui nous soulagent à court terme des effets d'un niveau de stress trop élevé. Toutes les techniques de relaxation sont utiles pour ce faire : la méditation, le yoga, les techniques de Schultz ou de Jacobson, les gymnastiques douces, etc. Certaines personnes trouvent aussi un soulagement important dans les activités physiques épuisantes telles que la course à pied, les longues marches, le racket ball, la nage de longue distance ; elles se vident ainsi littéralement de toute tension. Pour d'autres, c'est une activité absorbante et calme comme l'artisanat, la lecture ou la musique qui leur procure la meilleure détente. Le docteur Soly Bensabat, qui a collaboré avec le docteur Selye à la rédaction d'un livre sur le stress, recommande de renforcer la capacité de résistance au stress de l'organisme par l'apport « de minéraux et de vitamines indispensables à la synthèse des hormones du stress et à un meilleur équilibre biochimique de l'organisme. D'où la nécessité d'un régime alimentaire raisonnable, équilibré, riche en fruits et en légumes frais et pauvre en graisses animales et en sucres raffinés. Trois vitamines en particulier, B_5, C et E, de même que le magnésium jouent un rôle important dans la maîtrise du stress[3] ».

Éviter les fausses solutions : notre société de consommation met à notre disposition des moyens apparemment très efficaces de nous soulager du stress : la cigarette, l'alcool et les drogues ; ces moyens aident à diminuer le stress à court terme, mais ils évitent d'aller au fond des problèmes et surtout, ils nous précipitent vers d'autres problèmes. Les médicaments « pour les nerfs » si libéralement distribués par les médecins ont exactement le même effet et devraient être finalement réservés à de très brèves périodes pendant lesquelles il n'est pas possible d'éliminer la source du stress, des situations, à toutes fins utiles, exceptionnelles.

Le bonheur

« La joie de vivre est un besoin biologique profond », affirme René Dubos[4] ; et quand nous négligeons nos besoins, nous nous exposons à maintes difficultés. Un groupe de recherche américain a montré que les facteurs

---

3. Cité dans *L'Express* du 10 janvier 1981.

4. René Dubos et Jean-Paul Escande, *Chercher*, Paris, Stock, 1979, p. 144.

principaux qui permettaient de prédire la survie après une crise cardiaque n'étaient pas la cigarette, l'hypertension artérielle ou le taux élevé de cholestérol dans le sang, mais bien en premier lieu le degré de satisfaction au travail et en second lieu le bonheur global. À première vue, la plupart des gens pourraient penser qu'il n'est pas utile de souligner l'importance du bonheur dans la santé; en effet, qui ne veut être heureux? C'est sans doute vrai que personne ne refuserait le bonheur; par contre, il faut bien constater que peu de gens poursuivent activement la recherche du bonheur. C'est le genre de préoccupation qui nous échappe, ayant cédé le pas à la réussite, à la sécurité financière ou à d'autres valeurs qui ont été assimilées au bonheur, mais ne le procurent que temporairement, partiellement ou même pas du tout.

Notre société, fondée sur la consommation, a réussi à nous faire croire qu'on pouvait arriver au bonheur en consommant une foule de marchandises et de services. Les gens se laissent prendre dans la spirale sans fin des biens à se procurer: aussitôt un «besoin» comblé se présente un autre produit qui devrait procurer encore plus de satisfaction. Mais pour se procurer tous ces biens, il faut de l'argent, toujours plus d'argent, il faut travailler et gagner de gros salaires ou s'endetter ou rêver en achetant des billets de loto. Et la vie se passe à acheter et à travailler pour payer ce qu'on a acheté.

Le bonheur véritable et profond, celui qui procure joie et sérénité, ne s'achète pas. C'est du côté de la paix intérieure et de l'harmonie avec son entourage qu'on le trouve. On y parvient par l'épanouissement de tout son être.

Il n'existe pas de voie universelle d'épanouissement: chacun doit trouver son propre chemin. Mais tout comme le culturiste qui veut se donner un beau corps, on n'arrive pas à l'épanouissement de tout son être sans efforts.

D'autant plus que notre monde moderne, organisé pour la promotion des intérêts d'une minorité, nous aiguillonne constamment dans des directions qui ne contribuent aucunement à notre plein épanouissement. Pour arriver au bonheur, il faut se donner du temps, réfléchir et poser des gestes concrets. Il y a peut-être des gens qui réussissent à être pleinement heureux sans le chercher, mais j'ai l'impression que dans notre société piégée, ce doit être plutôt rare.

Il me semble que pour améliorer ses possibilités de bonheur, il est nécessaire de se préoccuper de sa paix intérieure, de ses relations avec les autres et du développement de sa créativité.

La paix intérieure: notre époque matérialiste a tendance à mettre au rancart les valeurs religieuses et la spiritualité, comme si nous étions des êtres qui n'ont que des besoins physiques. Or de plus en plus, nous nous rendons compte qu'en agissant de cette façon, nous perdons de vue l'essentiel; notre équilibre global requiert que nous nous situions dans l'univers et que nous adhérions à un système de valeurs qui nous transcende. Pour arriver au bonheur, nous avons besoin d'atteindre à une certaine sagesse qui découle de l'harmonie avec soi-même et avec l'univers. Dans notre monde d'injustice et d'inégalité, une telle harmonie ne peut s'atteindre sans une remise en question sérieuse de notre consommation outrancière. Et pour ce faire, la voie de la «simplicité volontaire» me semble incontournable. «La simplicité n'est pas la pauvreté; c'est un dépouillement qui laisse plus de place à l'esprit, à la conscience; c'est un état d'esprit qui convie à apprécier, à savourer, à rechercher la qualité; c'est une renonciation aux artefacts qui alourdissent, gênent et empêchent d'aller au bout de ses possibilités[5] ».

Les relations avec les autres : nous avons besoin d'avoir des échanges avec les autres. Nous avons besoin d'amitié et d'amour — en donner et en recevoir ; il nous est surtout nécessaire de sentir que nous ne sommes pas seuls et que nous pouvons compter sur les autres. Comme le souligne un rapport du ministère de la Santé, de l'Éducation et du Bien-être des États-Unis, « de nombreuses études ont permis de reconnaître l'importance, pour les gens, du sentiment d'appartenance et de la signification dans leur vie des institutions locales comme les églises, les écoles, les clubs ethniques, les organisations sociales et communautaires et autres. Le renforcement des réseaux de voisinage aide les gens de plusieurs façons : à regagner le sentiment d'un certain contrôle sur leurs vies, à diminuer l'aliénation sociale, à améliorer la capacité de résoudre de nouveaux problèmes et à maintenir la motivation pour surmonter les handicaps ou les frustrations de la société moderne. » Les comptes en banque et les assurances permettent de faire face à certaines difficultés matérielles, mais ils ne répondent pas à toutes nos attentes profondes.

La créativité : nous avons tous en nous des capacités qui ne demandent qu'à être développées ; nous retirons beaucoup de satisfaction de la pleine utilisation de nos capacités, qui nous permettent d'occuper une place unique dans la société et d'avoir le sentiment d'être utile. Que ce soit par le travail, dans les loisirs, dans l'engagement social ou par la création artistique, nous devrions tenter d'aller au bout de nos possibilités pour nous accomplir pleinement. Dans une de ses œuvres fondamentales sur l'adap-

---

5. Serge Mongeau, *La simplicité volontaire,* Montréal, Québec/Amérique, 1985, p. 135.

tation, René Dubos écrit : « La santé, dans le cas des êtres humains, signifie plus qu'un état dans lequel l'organisme s'est adapté physiquement aux conditions physico-chimiques par des mécanismes passifs ; elle exige que la personnalité soit capable de s'exprimer par sa créativité[6] ».

6. *Man Adapting,* New Haven, Yale University Press, 1965, p. XVIII.

CHAPITRE 6

Assainir notre environnement

CE N'EST que depuis quelques années que collectivement, nous commençons à prendre conscience de l'influence de l'environnement sur la santé, sans doute parce que nos relations avec l'environnement entraînent des problèmes de plus en plus fréquents. Rien d'étonnant à cela quand on constate que « l'homme a violé plus de lois écologiques durant les cent dernières années que pendant les dix siècles précédents [1] ». Dans la nature, la rupture d'un équilibre écologique entraîne automatiquement l'établissement d'un nouvel équilibre, mais les humains qui « maîtrisent » la nature s'affranchissent des déterminismes biologiques et peuvent poursuivre leurs activités perturbatrices au détriment de l'environnement et bientôt, au détriment d'eux-mêmes.

---

1. James A. Crabtree, *Public Health and Population Change*, Mindel C. Sheps et Jeanne Clare Ridley, 1965.

Notre environnement en danger

Que nous produisions ou que nous consommions, nous exerçons un impact sur l'environnement. Quand les êtres humains se contentaient de cueillir les produits de la nature et d'y laisser leurs déchets et leurs déjections, ils s'inscrivaient dans les cycles de la nature. Avec les techniques modernes, la situation est fort différente : des substances synthétiques inconnues dans la nature s'y retrouvent en quantités toujours plus importantes, des immenses portions de territoire changent complètement de vocation, des ressources disparaissent entièrement de certains milieux, etc. Or tout se tient dans la nature et l'intervention à un endroit ne peut qu'entraîner des conséquences ailleurs.

Nous brûlons la chandelle par les deux bouts : d'un côté, nous augmentons constamment la quantité et la diversité des polluants et de l'autre, nous enlevons à la nature les moyens qu'elle a d'éliminer ou de neutraliser ces polluants.

Nous polluons en lançant dans l'air la fumée de nos combustions (domiciliaires et industrielles), en versant dans l'eau nos déchets organiques et chimiques, en vaporisant nos jardins, nos champs et nos forêts d'engrais chimiques, d'insecticides ou d'herbicides, en enfouissant des déchets toxiques, en laissant échapper les radiations de nos centrales nucléaires ou pendant les essais d'armes nucléaires. Par ailleurs, nous diminuons la capacité de la nature de dépolluer en coupant des arbres, en construisant des barrages, en détournant des cours d'eau, en bouleversant les cycles écologiques. Par exemple, les forêts tropicales qu'on détruit au rythme de 11 millions d'hectares par année fournissent 6 p. 100 de l'oxygène mondial et jouent un rôle important dans la régulation du climat terrestre. Chaque arbre constitue un puissant décontaminant aérien ; un hectare de bois peut capter 50 tonnes de polluants en une seule saison ; or ce ne sont pas seulement les forêts tropicales qui sont détruites à un rythme rapide, mais la plupart des autres également, alors que la quantité de polluants rejetés dans l'atmosphère continue à augmenter. Un seul quadriréacteur qui parcourt la distance Paris-New York consomme en un voyage 15 000 tonnes d'oxygène, ce qui représente le travail d'une forêt de 10 hectares pendant un an.

Des conséquences pour la santé

Nous n'avons pas encore commencé à étouffer par manque d'oxygène; par contre, les diverses contaminations de la nature provoquent déjà des effets inquiétants. Il y a plus de 20 ans, les pédiatres et les psychiatres d'une région très industrialisée de l'Allemagne lançaient un cri d'alarme: les enfants sont très touchés par la pollution de l'air: « Les diverses affections pulmonaires infantiles sont extrêmement fréquentes, les enfants ont la voix voilée, ils toussotent, crachent et leur croissance, à Gelsenkirchen par exemple, présente des retards considérables sur les enfants habitant six ou douze milles plus loin des agglomérations intoxiquées. Certains médecins n'hésitent pas à affirmer que l'espoir de vie de ces gosses élevés dans des atmosphères polluées est de cinq ans inférieur à celui d'un enfant de la campagne ou d'une petite ville[2] ».

Les effets à long terme de la pollution sont encore plus inquiétants que les effets à court terme. En effet, là où l'on peut établir des relations de cause à effet entre un type de pollution et un problème de santé, il est possible de chercher des solutions et d'améliorer la situation. Par contre, les dommages qui n'apparaissent que longtemps

---

2. Rapporté dans *La Presse,* 10 mai 1971.

après l'exposition (des décennies parfois) sont difficilement attribuables à une cause particulière; et quand, par hasard, le lien est découvert entre telle substance et tel effet, il est déjà très tard pour agir puisqu'un grand nombre de personnes risquent d'avoir été touchées irrémédiablement.

Nous absorbons les diverses substances qui polluent l'environnement par les poumons, la peau et le système digestif. Elles nous viennent:

- du chauffage, par combustion incomplète ou évaporation des produits brûlés;
- des matériaux de construction: la formaldéhyde par exemple, dont l'effet cancérigène est maintenant bien connu, qui entre dans la fabrication des colles pour contreplaqués et agglomérés;
- des médicaments que nous utilisons pour tout et pour rien;
- des aliments, qui contiennent des résidus de pesticides et autres substances et surtout, de plus en plus d'additifs divers;
- de l'eau, qui recueille les déchets des industries et de laquelle on n'élimine que les bactéries grâce à l'emploi de substances chimiques en concentrations de plus en plus importantes;
- et de combien d'autres sources encore...

Nous sommes loin de connaître tous les effets possibles des divers contaminants lancés dans la nature au fil des ans. Quelques-unes de ces substances qui demeurent inaltérées pendant de nombreuses années se concentrent à certains points de la chaîne alimentaire et peuvent ensuite être consommées par les humains; par exemple le mercure, qui s'accumule dans les crustacés et les poissons, a causé la mort de plusieurs Japonais atteints de la maladie dite de Minamata (du lieu où elle est survenue la première fois), laquelle a commencé à faire son apparition chez des autochtones du Québec à Lebel-sur-Quévillon. D'autres substances semblent agir peu à peu, même à faible dose, pour arriver à causer des modifications au niveau cellulaire et provoquer des cancers. La contamination du Love Canal de Niagara, aux États-Unis, a obligé des milliers de familles à déménager car des déchets toxiques y avaient été enfouis entre 1930 et 1953; on a en effet trouvé pas moins de 82 substances chimiques dans l'eau du canal et plusieurs d'entre elles pouvaient causer le cancer et ont été reconnues responsables de l'apparition de malformations congénitales. « Le lait maternel de femmes inuit contaminé par des concentrations élevées de BPC », titrait *Le Soleil* du 4 février 1989. Partout dans le monde, les déchets dangereux s'accumulent. Le Québec n'échappe pas au phénomène : « Selon la commission d'enquête Charbonneau, qui s'est déroulée en 1989-1990, on produit au Québec environ 410 000 tonnes de déchets dangereux par année[3]. » D'après la Société pour vaincre la pollution, on connaît au Québec plus de 300 emplacements où sont enfouis des déchets toxiques dangereux pour la santé et pour l'environnement. Maladies du système nerveux, maladies pulmonaires, allergies diverses, cancers sont déjà reliés à des contaminations de l'environnement; il est aussi fort probable que certaines substances aient des effets tératogènes, c'est-à-dire qu'elles provoquent une augmentation des anomalies congénitales.

3. Stéphane Gingras et Jean-Pierre Barrette, *Vers le rejet zéro,* Montréal, Front commun québécois pour une gestion écologique des déchets, juin 1994, p. 11.

Les diverses pollutions nous affectent directement ; mais l'environnement aussi se trouve modifié et nous y sommes encore perdants. La végétation souffre des pluies acides et la flore et la faune des lacs en sont nécessairement altérées. La pollution des eaux nous prive de précieuses plages. Nos contacts avec la nature s'en trouvent diminués et nos possibilités d'activités physiques intéressantes raréfiées. Or il semble bien que le contact avec la verdure, avec l'eau, avec les divers éléments de la nature soit un besoin profondément inscrit en nous et qui requiert d'être comblé pour notre équilibre total. En éloignant la nature de nos lieux de production et d'habitation, nous rendons plus fragile notre équilibre et accroissons les inégalités sociales, car les gens plus favorisés trouvent toujours le moyen d'habiter les lieux les mieux pourvus en parcs et en verdure, et ils peuvent s'éloigner plus souvent et plus facilement pour reprendre contact avec la nature là où elle subsiste encore.

Pourquoi tarder à agir ?

Depuis quelques années, la préoccupation écologique croît relativement vite, mais pas autant que la détérioration de l'environnement ! Certaines actions ont été entreprises, la plupart du temps quand les problèmes étaient si importants qu'il n'était plus possible de ne rien faire. Ce style « pompier » — éteindre les feux quand ils surviennent — m'apparaît extrêmement dangereux ; il peut nous conduire à des désastres, à cause des effets à retardement qui ne peuvent manquer de se produire un jour.

L'inertie devant les problèmes écologiques s'explique par l'existence d'un certain nombre de mythes entourant cette question :

1. Les êtres humains ont une capacité d'adaptation pratiquement illimitée. C'est vrai que nous pouvons nous adapter à des conditions qui à première vue paraissaient intolérables. Mais comme le souligne René Dubos, notre adaptabilité est en même temps notre faiblesse: nous arrivons à tolérer à court terme ce qui à long terme peut nous nuire. L'être humain est le résultat de l'évolution de centaines de milliers d'années et il apparaît impossible que notre espèce évolue biologiquement assez vite pour suivre les progrès de la chimie moderne qui, eux, sont extrêmement rapides.

2. La capacité de l'air, de l'eau et du sol de diluer les polluants est illimitée. Certes les océans représentent des masses d'eau énormes, mais comme le démontrent les recherches de Cousteau, rares sont les endroits où la vie aquatique n'est pas déjà touchée par nos pollutions. Le plomb que nous utilisions dans notre essence a contaminé la calotte polaire, et d'autres substances que nous rejetons dans l'air continuent de le faire. La Terre est un petit univers fermé.

3. Les ressources naturelles sont illimitées. La crise du pétrole a montré qu'il pouvait y avoir un fond au baril dans lequel nous puisons. Les travaux faits pour le Club de Rome ont répertorié les limites des réserves de chaque matière. Malgré cela, beaucoup d'optimistes avancent l'idée que l'ingéniosité humaine permettra toujours de trouver des solutions de remplacement quand une matière deviendra rare. C'est cependant une façon de procéder qui ne peut être poursuivie à l'infini et elle risque de nous précipiter vers de nouvelles technologies que nous maîtriserons encore moins bien que celles dont nous disposons déjà.

4. Nos gouvernements étudient l'impact des polluants et réglementent leur emploi. Chaque année sont mises au point de nouvelles substances qui se retrouvent dans la nature d'une façon ou d'une autre. Les études d'impact sur l'environnement commencent la plupart du temps longtemps après le début de l'utilisation des nouvelles substances et ne peuvent s'effectuer à très long terme ni surtout tenir compte de la synergie, c'est-à-dire de la combinaison des effets de plusieurs substances. Ainsi, l'action des Services d'assainissement de l'air de la région de Montréal a contribué à contrôler certains agents nocifs connus, mais comme le reconnaît la direction de ces services, « de nombreux éléments polluants peu étudiés peuvent encore avoir des conséquences nocives sur la santé. Le problème vient de l'action de plus de 300 agents émis par notre société industrielle, ces éléments polluants dont la mesure et l'étude n'ont pas encore été faites par les gouvernements[4] ».

5. Il n'y a aucun problème que la technologie ne puisse résoudre. L'industrie de la dépollution... est encore une industrie qui a aussi son impact sur l'environnement. La fuite en avant technologique est une voie dangereuse, car la plupart du temps elle ne fait que déplacer les problèmes et retarder les échéances. L'exemple des insecticides est frappant : pour lutter contre la tordeuse de l'épinette, nous sommes passés du DDT au fénitrothion pour arriver au Matacil ; chaque produit est en fait utilisé jusqu'à ce qu'on découvre qu'il est aussi dangereux que le précédent, mais d'une autre façon. L'eau potable constitue un autre exemple inquiétant : de plus en plus de recherches montrent que le chlore utilisé pour détruire les bactéries dans l'eau de consommation formerait, en s'unissant aux matières organiques présentes dans l'eau, des trialométhanes, lesquels augmenteraient les risques de certains cancers.

4. Rapporté par Jean-Pierre Bonhomme, *La Presse,* 26 janvier 1980.

6. Cesser nos activités polluantes provoquerait la perte de milliers d'emplois. Beaucoup d'industriels s'opposent aux mesures antipolluantes en brandissant la menace du chômage ; selon eux, ces mesures augmenteraient leurs coûts de production et les empêcheraient d'être compétitifs, vu qu'il y a toujours des régions qui n'imposent pas ces contraintes et permettent donc à d'autres de produire à coût moindre. C'est vrai qu'il existe beaucoup trop de gouvernements qui, adoptant des politiques à courte vue et essentiellement électoralistes, sont prêts à n'importe quelle concession pour la création de quelques emplois. À long terme cependant, les coûts sociaux de ces façons d'agir sont toujours élevés. Il faut aussi noter que les technologies les plus polluantes sont celles qui utilisent le moins l'énergie humaine et qui sont donc les moins créatrices d'emplois. Les technologies douces, qui respectent le mieux l'environnement, utilisent la plupart du temps beaucoup d'énergie humaine.

7. Les simples citoyens ne peuvent rien pour régler le problème de la pollution. Bien des gens ont tendance à laisser aux experts et aux gouvernements la responsabilité des actions à entreprendre. Or les experts ont souvent des vues fractionnées et limitées des problèmes et de leurs solutions, tandis que les gouvernements n'agissent que sous la pression populaire. Seuls dans notre coin, nous ne pouvons espérer modifier la situation ; mais en nous unissant aux autres, en multipliant nos actions, en faisant les pressions nécessaires, nous pouvons arriver à obtenir des résultats significatifs.

S'engager concrètement

Certes, des réorientations majeures s'imposent au niveau de toute la société si nous voulons arriver à retrouver un équilibre qui nous assure un environnement sain ; ces nouvelles valeurs à la base des changements nécessaires sont d'ailleurs aussi essentielles pour d'autres aspects de la santé. Nous aurons l'occasion d'y revenir. Pour l'instant, il ne s'agit pas d'attendre tout simplement que la société change ; étant partie du problème, nous pouvons devenir partie de la solution par nos comportements tout aussi bien que par la sensibilisation des autres que nous pouvons faire.

Votre impact sur l'environnement

Pour chaque question, entourer la lettre qui correspond le mieux à votre comportement.

1. Je suis conscient(e) de l'effet de mes actions sur le milieu et j'essaie de les minimiser :
   a) oui ;
   b) non.
2. Quand mon auto est arrêtée, j'éteins le moteur :
   a) aussitôt à l'arrêt ;
   b) quand je dois attendre plus de 5 minutes ;
   c) je ne m'en préoccupe pas.
3. Quand j'ai une petite course à faire (moins d'un ou deux km) :
   a) j'y vais à pied ou à bicyclette ;
   b) je prends mon auto.
4. Pour me rendre à mon travail :
   a) j'y vais seul(e) dans mon auto ;
   b) je voyage avec d'autres en auto (la mienne ou la leur) ;
   c) je prends les transports en commun ;
   d) j'y vais à pied ou à bicyclette.

➡

5. Dans mes loisirs :

a) je fais de la motoneige, du motocross ou du canot à moteur ;
b) je ne pratique aucune de ces activités.

6. Je fume :

a) oui ;
b) non.

7. Il m'arrive d'oublier des restes de nourriture dans le frigo :

a) souvent ;
b) rarement ;
c) jamais.

8. J'ai apporté ma tasse au travail pour ne pas utiliser, pour le café, des tasses jetables :

a) oui ;
b) non.

9. J'aime utiliser des gadgets électriques (brosse à dents, ouvre-boîtes, aiguisoir, couteau...) :

a) jamais ;
b) occasionnellement ;
c) le plus souvent.

10. J'achète les jus, eaux gazeuses ou la bière en canettes :

a) toujours ;
b) à l'occasion ;
c) jamais.

11. Je me préoccupe de bien fermer les robinets et de voir à ce qu'ils fonctionnent bien :

a) oui ;
b) non.

12. En hiver, je maintiens la température du logis :

a) constamment élevée ;
b) élevée le jour, un peu plus basse la nuit ;
c) à moins de 19 °C le jour et plus basse la nuit.

➡

13. Je ramasse les journaux, le verre et le plastique pour un centre de recyclage :

a) les trois;
b) l'un des trois;
c) aucun.

14. J'utilise comme brouillon l'autre face des imprimés que je reçois :

a) oui;
b) non.

15. Je réutilise les sacs et contenants de plastique :

a) oui;
b) non.

16. J'apporte mes sacs pour transporter mon marché :

a) oui;
b) non.

17. Je cultive une partie de mes légumes chez moi, chez un ami ou dans un jardin communautaire :

a) oui;
b) non.

18. J'ai déjà écrit une lettre à mon député ou à un ministre concernant un problème d'environnement :

a) oui;
b) non.

19. J'ai déjà écrit une lettre aux journaux en faveur du transport en commun, des parcs ou de l'environnement :

a) oui;
b) non.

20. J'ai déjà participé à une manifestation contre l'énergie nucléaire ou en faveur d'une mesure qui améliorerait le milieu :

a) oui;
b) non.

➡

21. Je suis membre d'un ou de plusieurs groupements écologiques :

a) oui ;
b) non.

22. Je milite activement dans un mouvement à préoccupations écologiques :

a) oui ;
b) non.

Faire le total des points : pour chaque question, voici les points à inscrire selon votre réponse :

Question 1 : *a* = 2 ; *b* = 0.
Question 2 : *a* = 2 ; *b* = 1 ; *c* = 0.
Question 3 : *a* = 2 ; *b* = 0.
Question 4 : *a* = 0 ; *b* = 1 ; *c* = 2 ; *d* = 3.
Question 5 : *a* = 0 ; *b* = 2.
Question 6 : *a* = 0 ; *b* = 2.
Question 7 : *a* = 0 ; *b* = 1 ; *c* = 2.
Question 8 : *a* = 2 ; *b* = 0.
Question 9 : *a* = 2 ; *b* = 1 ; *c* = 0.
Question 10 : *a* = 0 ; *b* = 1 ; *c* = 2.
Question 11 : *a* = 2 ; *b* = 0.
Question 12 : *a* = 0 ; *b* = 1 ; *c* = 2.
Question 13 : *a* = 2 ; *b* = 1 ; *c* = 0.
Question 14 : *a* = 2 ; *b* = 0.
Question 15 : *a* = 2 ; *b* = 0.
Question 16 : *a* = 2 ; *b* = 0.
Question 17 : *a* = 2 ; *b* = 0.
Question 18 : *a* = 2 ; *b* = 0.
Question 19 : *a* = 2 ; *b* = 1.
Question 20 : *a* = 3 ; *b* = 0.
Question 21 : *a* = 2 ; *b* = 0.
Question 22 : *a* = 3 ; *b* = 0.

➡

Si vous avez plus de 40 points, bravo, vous avez compris qu'il faut agir dès maintenant. Il ne faut surtout pas lâcher!

Si vous avez entre 30 et 40, vous êtes sur la bonne voie, mais il faudrait vous engager davantage.

Si vous avez entre 20 et 30, c'est un bon début, mais il faudrait examiner plusieurs de vos comportements.

Si vous avez moins de 20 points, vous êtes une catastrophe écologique! Votre comportement multiplié par des millions de fois, comme c'est le cas actuellement, nous conduit au désastre.

Le questionnaire suivant devrait vous permettre de vous situer dans votre engagement pour l'amélioration de notre environnement.

En premier lieu, il importe de prendre conscience de la nature du problème et de son ampleur. S'informer par tous les moyens possibles, modifier son style de vie pour devenir respectueux de l'environnement, tenter de sensibiliser les autres par ses paroles et surtout par ses actions. Nos préoccupations écologiques devraient en effet se traduire par des milliers de petits gestes concrets; voici une liste non exhaustive de ce genre d'actions:

– pour ménager l'énergie:
  - éteindre les lumières inutiles,
  - marcher ou utiliser sa bicyclette pour les petites courses,
  - utiliser les transports en commun pour ses longs déplacements,
  - diminuer le chauffage de son logis;

– pour épargner les ressources :
  - éviter d'acheter et d'utiliser les produits à jeter après usage,
  - amasser les produits récupérables pour les centres de recyclage,
  - faire son compost et son potager ;
– pour diminuer la pollution :
  - employer des outils manuels,
  - éviter de pratiquer les sports motorisés,
  - employer moins d'agents de blanchiment dans sa lessive,
  - éviter l'usage de pesticides, d'herbicides et d'engrais chimiques.

En somme, il faudrait, dans nos habitudes de consommation, tenter de devenir des conservateurs avertis (pas au sens politique !). Conservateurs, parce que nous nous orientons vers des choix connus, fiables et durables — si j'avais eu cette attitude quand il a fallu isoler ma maison, il y a quelques années, je n'aurais jamais eu recours à cette nouvelle technique « merveilleuse » de la MIUF ! — ; avertis, parce que nous achetons nos biens avec grand soin en optant pour les énergies douces au besoin ; parce que nous talonnons constamment les gouvernements pour qu'ils surveillent de près les producteurs de sorte qu'ils ne nous vendent pas autre chose que ce qu'ils disent et parce que nous utilisons ces biens avec grand soin, en respectant les instructions et les précautions qui s'imposent. Enfin, nous devrions nous faire un devoir de prolonger la vie utile de tout ce qui a été produit, en nous servant du troc, de la transformation vers d'autres usages, du recyclage ou du compostage.

Additionnés les uns aux autres, les efforts individuels deviennent significatifs ; mais il faut reconnaître qu'ils demeurent insuffisants si des actions collectives ne sont pas également entreprises. Des centres de récupération, des jardins communautaires ou coopératifs, des transports en commun adéquats ne surgissent pas spontanément ; pourtant, ce sont toutes des actions importantes ; elles naissent des efforts collectifs de regroupement, d'organisation et de pression sur les autorités en place.

De plus en plus d'organismes se consacrent à l'amélioration de l'environnement ; il en faudra sans doute plusieurs autres avant que nous n'arrivions à résoudre tous les problèmes et surtout à prendre les moyens pour éviter que la situation ne se détériore. Mais l'élan est donné et déjà on voit que les gouvernements et les industries ne peuvent plus agir aussi facilement sans tenir compte des effets de leurs gestes sur l'environnement. Même si cela semble n'être pas une mince tâche, nous ne devons pas abandonner ; il ne faut pas concevoir la société comme une entité autonome indépendante ; la société, c'est chacun de nous et tout ce que nous faisons y a son importance, même s'il n'y paraît pas toujours ; cette importance est d'autant plus grande que nous posons des gestes conscients et que nous tentons d'en amener d'autres à les poser aussi. En fait, nous n'avons pas tellement le choix : notre sort est indissolublement lié au devenir de nos sociétés. Quand bien même je deviendrais totalement autosuffisant, je ne puis m'empêcher de respirer cet air de plus en plus pollué partout dans le monde, l'eau de mon puits vient d'une nappe phréatique toujours susceptible d'être contaminée et surtout, que pourrais-je faire devant cette explosion nucléaire encore susceptible de se produire au moment le plus inattendu, puisqu'il y a tellement de bombes encore en réserve?

D'ailleurs, comme je l'ai écrit dans *Pour que demain soit*[5],

> Les problèmes écologiques sont des problèmes d'exploitation et de domination des êtres humains par d'autres humains et de la nature par certains humains. Les problèmes écologiques ne se régleront pas par des mesures technologiques (qui ne constituent la plupart du temps que des solutions symptomatiques), mais par une autre vision de la vie et de nos rapports avec la nature.

Je renvoie les lecteurs à cet autre ouvrage pour une analyse plus approfondie des actions collectives qui pourraient nous mener à une société écologique qui n'est pas du tout chimérique:

> Parler d'un tel projet alors qu'il existe aujourd'hui de si nombreux problèmes peut paraître irréfléchi. Il n'en est rien. La crise actuelle constitue une excellente occasion de changement. Les humains peuvent choisir de continuer dans le sens actuel et de précipiter les désastres ; mais ils peuvent aussi donner un coup de barre et se réajuster. Nous possédons les moyens matériels et technologiques nous permettant de passer à une société respectueuse des besoins de ses membres et de son environnement. Si nous utilisions à bon escient les ressources que nous gaspillons pour l'entretien des armées et pour la production d'armes, si, dans les pays industrialisés, les gens apprenaient à vivre pleinement au lieu de vainement tenter de combler le vide de leur vie par toujours plus d'objets, si nous nous parlions au lieu de nous taire devant les soi-disant experts, nous trouverions à bâtir un monde tellement meilleur[6].

---

5. Montréal, Les Éditions Écosociété, 1993, p. 16.

6. *Ibid.*, p. 17.

CHAPITRE 7

Travailler sans se détruire

Le travail dans le monde

IL EST MAINTENANT clair que notre santé est en grande partie liée à notre style de vie; or dès que nous atteignons l'âge adulte, et parfois même dès l'adolescence, nous passons une proportion importante de nos heures d'éveil à travailler, la plupart du temps à l'extérieur du foyer. Les lieux physiques où nous avons à travailler de même que les contextes dans lesquels se déroulent nos activités exercent sans conteste une grande influence sur notre santé, selon qu'ils favorisent ou non les divers piliers sur lesquels repose la santé; plus souvent qu'autrement, cette influence est négative, à voir le nombre de personnes qui subissent des accidents ou qui deviennent malades au travail. Pourtant, la situation pourrait être fort différente.

Pendant longtemps dans l'histoire de l'humanité, les gens n'ont travaillé que lorsque cela leur était nécessaire pour assurer leur survie. Quand l'agriculture a commencé à être pratiquée et lorsque les groupements humains ont pu s'établir en permanence à des endroits fixes, une certaine spécialisation des tâches a pu et a dû s'effectuer ; cela a contribué à augmenter la productivité et a par la suite permis l'accumulation de biens. Mais ce n'étaient pas tous les individus qui amassaient ainsi des biens et ceux qui, pour diverses raisons, s'enrichissaient ont pu commencer à utiliser leurs biens accumulés pour les échanger contre du travail que d'autres accomplissaient pour eux ; la division des tâches était née et avec elle la possibilité de l'exploitation des uns par les autres, ce qui n'a pas manqué de se produire par la suite sous des formes plus ou moins subtiles, à partir de l'esclavage jusqu'aux manufactures anglaises du XIXe siècle, qui allaient donner naissance aux premières organisations du prolétariat, les syndicats.

Depuis les journées de 18 heures de travail dans des conditions épouvantables, depuis le travail des enfants de huit ou dix ans dans les mines et les filatures, depuis les salaires absolument inadéquats du XIXe siècle, d'immenses progrès ont été réalisés par la classe ouvrière grâce aux luttes qu'elle a menées, avec comme conséquence que les abus les plus flagrants n'existent plus dans nos pays industrialisés. Il ne faudrait cependant pas se faire d'illusions : à l'échelle mondiale, la majorité des travailleurs continue d'être exploitée et de travailler dans des conditions qui ne peuvent que taxer leur santé. Par exemple, « on estime qu'il y a 52 millions d'enfants qui travaillent dans le monde, dont 50 millions dans les pays sous-développés [1] » ; il y a encore des enfants de six ans qui travaillent dans des filatures du Bangladesh. Il y a quelques années, l'Organisation internationale du travail rapportait l'exemple du Maroc : « Entre le tiers et les trois cinquièmes des employés de l'industrie du tapis sont âgés de moins de

1. *The New Internationalist,* juillet 1987.

douze ans. Ils n'ont souvent que huit, neuf ou dix ans. Deux usines tournent 72 heures par semaine, cinq autres entre 60 et 64 heures. La moitié de celles pour lesquelles on possède des informations dépassent les 48 heures légales. Les salaires sont maigres et les soi-disant apprentis ne gagnent rien[2] ».

Quant aux travailleurs adultes de nombreux pays, leur pauvreté les oblige très souvent à accepter des conditions qui ressemblent étrangement à l'esclavage : au Mexique, à Taïwan, à Haïti et dans de nombreux autres pays du tiers monde existent des « enclaves » de travailleurs regroupés auxquelles ont accès les multinationales qui recherchent de la main-d'œuvre presque gratuite.

La situation locale

Même dans nos pays industrialisés, l'écart est énorme entre les conditions de travail des employés syndiqués et des travailleurs des industries de pointe et celles des personnes qu'on retrouve dans les petites manufactures, dans certaines exploitations agricoles ou dans d'autres lieux de production. Des gens travaillent encore au noir pour des salaires ridicules, les immigrants qui ignorent les lois ou qui craignent d'être expulsés du pays sont exploités sans vergogne, le harcèlement sexuel et les conditions physiques insalubres continuent à caractériser le travail dans certaines industries.

La situation que nous vivons au Québec, pour la majorité d'entre nous, est tout de même caractéristique des pays industrialisés occidentaux : il existe un certain équilibre de forces entre les employeurs et les travailleurs et en

---

2. *La Presse,* 5 avril 1980.

conséquence, la question de la qualité de la vie au travail devient une préoccupation de plus en plus importante.

Notre société est fondée sur le profit ; ceux qui possèdent les usines et autres entreprises trouvent leur intérêt dans une production déchaînée couplée à une consommation effrénée. Nos syndicats embarquent trop facilement dans ce système, en cherchant par tous les moyens à augmenter la capacité de consommation des travailleurs ; certains syndicats vont jusqu'à monnayer la santé et la sécurité de leurs membres, échangeant à la table de négociation quelques cents l'heure contre le retrait des mesures de protection qu'ils réclamaient. Il serait important de cesser de tomber dans le piège patronal et de commencer à considérer le lieu de travail comme ce qu'il est véritablement, un lieu où le travailleur doit aussi vivre. Or comme l'écrivent les docteurs Daum et Stellman,

> les procédés industriels modernes sont une source constante de dangers nouveaux. Les plus faciles à détecter sont ceux qui tuent ou blessent rapidement. D'autres prennent plus de temps à se faire sentir mais sont tout aussi susceptibles d'apparaître. Lorsque ces dangers sont présents, les indices sont très nombreux, et on finit par s'y habituer : toux persistante, maux de tête, étourdissements, lassitude, douleurs qui ne s'en vont plus, raidissements des articulations. Puis, ceux-ci s'accumulent avec le temps : vieillissement prématuré, abandon du travail à l'âge de 50 ans, mort prématurée. C'est un prix énorme à payer et tout aussi inutile[3].

La façon dont les nombreuses heures de travail se déroulent exerce aussi une influence sur les heures hors travail : le stress, la fatigue exagérée, la santé qui s'abîme sont des réalités qu'on ne devrait pas négliger.

---

3. Jeanne M. Stellman et Suzan M. Daum, *Perdre sa vie à la gagner,* Montréal, Parti Pris, 1979, p. 21.

Au Québec, la Commission de la santé et de la sécurité au travail (CSST) révèle, dans son rapport annuel de 1993, qu'il y a eu pour cette année, 132 393 cas d'accidents du travail et 4848 cas de maladies professionnelles reconnus et indemnisés ; de ce nombre, 134 personnes ont perdu la vie, dont 108 à la suite de leur accident et 26 de maladie provoquée par leur travail.

Une situation inacceptable

On ne meurt ni au même âge ni des mêmes causes quand on appartient à une classe sociale différente ; et il est certain que les conditions de travail constituent un élément important de ces disparités. Ce sont les gens au bas de l'échelle qui occupent les emplois les plus dommageables pour la santé. Car en plus des accidents et des maladies professionnelles, les atteintes à la santé qui sont reliées au travail sont nombreuses. Mais puisque ces effets surviennent peu à peu ou apparaissent longtemps après l'exposition et que le rapport de causalité n'est pas encore prouvé, leur lien avec le travail est nié par les employeurs. Comme les travailleurs sont souvent exposés aussi à d'autres risques en dehors du travail, il devient encore plus facile d'embrouiller la situation et d'ignorer le rôle pathogène du milieu de travail. À ce propos, la cigarette constitue un archétype de l'échappatoire patronale, comme si d'ailleurs la propension à fumer n'était pas souvent avivée par les conditions de travail elles-mêmes... Si dans notre société, l'incidence du cancer ne cesse d'augmenter, il est fort probable que les conditions de travail en soient pour une large part responsables ; chaque année, ce sont des milliers de nouvelles substances chimiques qu'on introduit dans les processus de production et ce n'est que quelques années plus tard qu'on découvre leur potentiel carcinogénique.

L'exposition chronique au stress peut aboutir à pratiquement n'importe quelle maladie ; l'insuffisance coronarienne (la maladie de cœur) et les diverses pathologies mentales en sont parmi les plus fréquentes conséquences. Statistique Canada estime que le stress au travail entraîne des pertes de 10 à 12 milliards de dollars chaque année au pays : « la perte de productivité, l'absentéisme et les abus d'alcool ou de drogues reliés au stress sont devenus plus coûteux que les grèves[4] ». Les sources de stress au travail sont nombreuses ; voici les plus importantes :

– facteurs intrinsèques à la tâche :
  - mauvaises conditions physiques de travail (éclairage, température, bruit...),
  - surcharge de travail,
  - horaires inadéquats (heures supplémentaires, rotation, délais trop courts...),
  - présence de dangers physiques constants ;
– facteurs liés au rôle dans l'organisation :
  - ambiguïté de rôles,
  - conflits de rôles,
  - responsabilité trop lourdes,
  - conflits sur la définition de sa tâche,
  - absence de participation,
  - poste trop lourd ou au contraire pas assez exigeant pour ses capacités ;

4. *The Gazette,* 7 mai 1981.

– problèmes de relations humaines :
  - manque de communications avec les pairs ou avec les supérieurs ;
– perspectives d'avenir :
  - absence de sécurité d'emploi,
  - manque de possibilités de formation et d'enrichissement de la tâche,
  - absence de possibilités de mobilité.

Le travail devrait contribuer à l'épanouissement

L'usure prématurée, les accidents de travail ou les maladies professionnelles ne constituent pas la rançon inévitable du travail ; avec les connaissances que nous possédons aujourd'hui, il serait possible d'arriver à ce que toutes les technologies, toutes les machines et tous les processus de production soient conçus de manière à éviter toute exposition aux substances chimiques ou aux agents physiques (les vibrations, la chaleur, le bruit, etc.), qu'ils aient été prouvés dangereux ou non. De cette façon, nous atteindrions une situation d'« exposition nulle » dans laquelle on n'attend pas de constater les dommages d'un produit ou d'un processus sur un travailleur pour agir. Pour l'instant, nous n'en sommes pas encore là ; nous n'agissons que lorsqu'il a été prouvé qu'une situation ou un produit affectait des travailleurs.

Au Québec, la *Loi sur la santé et la sécurité au travail* énonce plusieurs obligations pour les employeurs ; ceux-ci doivent en effet prendre toutes les mesures nécessaires pour protéger la vie et la santé des travailleurs et assurer leur sécurité et leur intégrité physique. Voici quelques-unes de ces obligations :

- s'assurer que les établissements sur lesquels ils ont autorité sont équipés et aménagés de façon à assurer la protection du travailleur (contrôle de la salubrité des lieux de travail, organisation du travail, méthodes de travail, mesures de sécurité contre l'incendie, etc.) ;
- inventorier et surveiller les matières dangereuses et les contaminants présents dans leurs établissements afin de s'assurer qu'ils ne portent pas atteinte à la santé et à la sécurité de toute personne se trouvant dans un lieu de travail ;
- communiquer la liste des contaminants et des matières dangereuses aux travailleurs, au comité de santé et de sécurité, à l'association accréditée, au centre de santé publique de la région et à la CSST ;
- mettre en place les méthodes et techniques visant à déceler, contrôler et éliminer les risques pour la santé et la sécurité ;
- informer adéquatement les travailleurs sur les risques reliés à leur travail et leur assurer la formation, l'entraînement et la supervision nécessaires pour qu'ils sachent et puissent accomplir leur travail en toute sécurité ;
- désigner des membres de leur personnel pour s'occuper des questions de santé et de sécurité ;
- fournir les moyens et les équipements individuels et collectifs de protection.

Nombre d'employeurs tentent d'échapper (et y réussissent trop souvent) à ces obligations. Aussi les employés doivent-ils exercer une vigilance constante pour s'assurer d'un minimum de protection ; pour ce faire, les moyens suivants pourraient être utilisés :

- **s'informer** sur ses droits et sur les obligations de l'employeur, sur les dangers particuliers reliés au travail accompli et sur les moyens de se protéger, etc. La Commission de la santé et de la sécurité au travail possède deux centres de documentation ouverts au public : à Québec, au 524, rue Bourdages et à Montréal, au 1199, rue Bleury ;

- **sensibiliser** à la question ses compagnons et compagnes de travail. Surtout dans les endroits où il n'existe pas de syndicat, les personnes qui réclament des mesures de sécurité sont souvent mal perçues par l'employeur et risquent des représailles. Il est donc important d'entreprendre des actions en ayant l'appui du groupe ou du syndicat et en même temps de se chercher des alliés à l'extérieur, pour se protéger. Le Centre de santé publique du territoire est responsable de la santé au travail et peut assister les travailleurs dans leurs démarches ; les centrales syndicales peuvent aussi fournir de l'aide à des employés, même aux endroits où il n'existe pas de syndicat ;

- **voir à ce que s'établisse un programme de santé au travail** ; le plus tôt possible, pour arriver à éviter l'approche cas par cas défensive (quand quelque chose est arrivé), il est nécessaire de bien étudier son milieu de travail et ensuite de prendre les mesures qui permettent d'éviter les situations dangereuses. La *Loi sur la santé et la sécurité au travail* accorde par exemple des droits particuliers aux femmes enceintes, dans le but de protéger leur fœtus ; ainsi dans certains cas, ces femmes peuvent demander à être affectées à d'autres postes de travail ; même si une fois la grossesse confirmée, il est déjà tard pour intervenir, ces mesures peuvent tout de même aider.

La qualité de la vie au travail ne tient pas qu'à l'élimination des risques d'accident ou de maladie, ainsi que nous l'avons vu. Même l'architecture des lieux de travail devrait être repensée, comme le signale l'architecte Vincent Grenier :

> Les agents responsables de la conception des espaces ont réussi, dans leurs usines-containers, dans leurs boîtes impersonnelles, à briser les rapports humains des utilisateurs. La nouvelle organisation du travail a enlevé les « espaces intermédiaires », ces terrains neutres, dans les édifices, où les employés pouvaient entrer en communication. Mais, ce qui est plus grave encore, la taylorisation du travail, cette uniformisation fondée sur l'efficacité, a complètement « déconnecté » les ouvriers de la cité. Leurs édifices sont isolés des quartiers et sont souvent situés dans de mornes « parcs industriels » qui paraissent avoir été conçus comme si l'homme n'existait pas [5].

Cet oubli de l'humain constitue la caractéristique dominante de l'organisation du travail qui prévaut encore dans trop d'entreprises ; or nous savons que les facteurs psychosociaux agissent à long terme sur la santé. Voici quelques aspects de l'organisation du travail qui me semblent de première importance :

L'horaire de travail : la recherche du profit mène à l'établissement d'horaires qui visent à maximiser la rentabilité des installations, ce qui oblige beaucoup de gens à un travail de nuit en permanence ou, pis encore, en rotation ; dans l'un et l'autre cas, ces horaires *contre nature* ne manquent jamais d'aboutir à une détérioration de la santé et en conséquence, ils devraient être abolis dans la production pour ne demeurer que dans les services essentiels,

5. Exposé rapporté par Jean-Pierre Bonhomme, *La Presse,* 27 septembre 1980.

sous des formes plus humanisées qui tiennent compte des besoins physiques mais aussi psychosociaux. Même durant le jour, des horaires mal aménagés et en particulier des périodes de repas trop courtes sont fréquemment à l'origine de troubles digestifs ou autres.

La division des tâches : comme le signalent Jean-Marie Toulouse et Maurice Boisvert,

> l'organisation du travail des employés de la base, que ce soit des cols blancs ou des cols bleus, est encore au Québec comme ailleurs marquée par la spécialisation et la parcellarisation des tâches. Que l'employé œuvre dans une conserverie ou une compagnie d'assurance, il répète fréquemment les mêmes gestes à l'intérieur d'un système prédéterminé et fortement contrôlé. On voit alors s'installer la monotonie et l'ennui. Bien sûr, il existe mille façons de compenser pour le manque d'intérêt du travail (ex. : la rêverie, les conversations sur la vie hors travail...) mais n'est-ce pas là des pis-aller qui rendent tolérable une sous-utilisation flagrante du potentiel humain [6] ?.

La participation : diverses entreprises ont réussi à développer des systèmes de gestion qui incluent la consultation systématique des employés concernés et qui arrivent à un certain partage des pouvoirs et même des bénéfices ; même si toutes les tentatives en ce sens n'ont pas connu le succès, il s'agit là d'une voie fort intéressante qu'il faut continuer à explorer.

Les actions-santé : un certain nombre d'entreprises, ayant compris qu'elles avaient intérêt à ce que, pour une meilleure productivité, leurs employés soient en santé ont mis sur pied divers programmes qui contribuent au mieux-être de leur personnel : programmes et équipements de conditionnement physique sur les lieux de travail, douches pour

---

6. « La qualité de la vie au travail », *Le Devoir,* 8 mars 1979.

les gens qui veulent venir travailler en faisant du jogging ou à bicyclette, centres de détente pour la relaxation, cafétérias avec des menus équilibrés, garderies pour les nourrissons des mères qui allaitent, etc. En plus des équipements physiques pour des actions individuelles orientées vers la santé, il est également important de prévoir des moments et des lieux pour aider au développement des relations entre le personnel, ce qui contribue aussi à l'équilibre mental.

Le partage du travail: autant le travail peut nuire à la santé, autant le chômage a souvent des effets aussi négatifs. Même quand la société compense l'absence de salaire par diverses prestations sociales, les conséquences psychosociales de l'absence d'emploi sont très grandes. L'heure est certainement venue de mettre au point des formules de partage du travail, qui en bout de ligne bénéficieraient à tout le monde:

– à celles et à ceux qui actuellement se détruisent à travailler, notamment à cause du nombre d'heures consacrées à leur travail et de l'intensité d'effort qui y est requise;

– à cette masse croissante de personnes qui gaspillent leur potentiel parce qu'on ne trouve pas à les employer;

– à toute la société qui étouffe sous le poids des taxes et des impôts nécessaires pour fournir un minimum vital aux gens qui n'arrivent pas à trouver du travail.

De plus en plus d'individus ont compris qu'ils avaient tout à gagner à moins travailler et qu'en définitive la nécessité de moins consommer que leur décision entraînait leur était également bénéfique.

La façon dont se déroule le travail et le cadre dans lequel il s'effectue influent sur le reste de la vie; par exemple, les conditions de stress au travail se répercutent sur le comportement des individus à la maison et touchent leurs relations avec les autres membres de la famille. Les lieux de travail peuvent de plus avoir un impact physique sur l'environnement et affecter la totalité de la communauté. Il faut voir une ville comme Rouyn pour comprendre à quel point un environnement peut être dénaturé par une industrie ; il faut passer par Trois-Rivières pour sentir la présence des papetières. Or l'impact des industries ne s'arrête pas aux apparences ou aux odeurs : les substances rejetées dans l'air sont absorbées par la population et ont un effet sur sa santé. En plus des retombées sur l'environnement immédiat, les industries peuvent contribuer à la détérioration globale de l'air, de l'eau et des sols.

Dans notre société, nous avons trop souvent tendance à oublier la finalité du travail et de la production : nos produits devraient nous aider à mieux vivre et à être plus heureux. Si le processus de production entraîne des effets négatifs sur les producteurs ou sur la communauté, il s'agit d'une situation inacceptable, surtout à une époque où nombre de produits ne sont plus destinés à notre mieux-être et où nous pouvons trouver des moyens de produire sans danger. Sans doute faut-il aller plus loin encore que simplement remettre en question les processus de production : c'est toute une partie de la production qui ne sert aujourd'hui qu'à alimenter une consommation artificiellement stimulée qui contribue de plus en plus à une dégradation de notre environnement et finalement de notre vie.

CHAPITRE 8
Ce que nous dit la maladie

NOUS RISQUONS tous au cours de notre vie d'être confrontés un jour ou l'autre à la maladie ; pour la majorité, cela se produit même tous les ans, puisque 95 p. 100 des Québécois consultent au moins une fois dans l'année un médecin, ce spécialiste de la maladie. Dans notre société, la maladie occupe d'ailleurs une place de première importance, puisque nous consacrons plus de 10 p. 100 du produit intérieur brut aux soins de santé ; toute une industrie est née de la maladie et un réseau impressionnant de services publics se consacre aux soins des malades. La maladie s'intègre si bien à notre vie collective qu'on en vient à se demander si nous ne souhaitons pas la maintenir à son niveau actuel ; c'est du moins l'impression qui se dégage de l'analyse des comportements de nombreux professionnels du secteur des soins de santé...

Ce qu'est la maladie

Nous avons vu que la santé est un état subjectif ; c'est aussi partiellement le cas pour la maladie. À travers le monde, la maladie ne représente pas partout la même chose et même dans notre société, les personnes atteintes du même mal ne se définissent pas toutes comme malades. Les gens sont malades quand ils acceptent de l'être ou quand ils y sont forcés. En fait, l'adoption du rôle de malade signifie essentiellement deux choses : cesser la poursuite de ses activités habituelles et entreprendre une forme quelconque de traitement, qu'il soit autoadministré ou sous la responsabilité d'un soignant quelconque. Dans le cas de maladies ou d'accidents graves, l'accès au statut de malade est pratiquement automatique, il va de soi, mais dans la plupart des cas, les malaises ou les symptômes qui surviennent doivent faire l'objet d'une estimation, c'est-à-dire que les gens qui en souffrent doivent juger s'ils ont suffisamment d'importance pour justifier l'état de malade.

Une personne se considère malade quand elle croit ou juge ne plus pouvoir accomplir son activité sociale habituelle. On voit qu'il y a dans cet énoncé trois variables : l'aptitude objective, c'est-à-dire les capacités de l'organisme ; l'appréciation subjective de ces capacités et la contribution sociale qui est attendue ou exigée de cette personne.

Les capacités de l'organisme peuvent fluctuer selon les saisons, le degré de fatigue, la motivation, etc. Certaines capacités, sur le plan physique surtout, diminuent lentement avec l'âge. Des processus pathologiques peuvent aussi survenir qui les font baisser radicalement, d'une façon temporaire ou permanente.

L'appréciation de sa capacité à accomplir sa tâche dépend en grande partie du coût de renonciation à son activité, estiment Jean-Pierre Dupuy et Serge Karsenty : « Si le sujet accorde une grande valeur à l'assomption de son rôle social, s'il valorise l'activité à laquelle il va s'adonner (travail intéressant, responsabilités sociales, loisirs d'évasion, etc.), ce coût sera d'autant plus fort et, dans la mesure où il peut surmonter les sensations physiques désagréables, il aura alors tendance à reculer les limites de son endurance. Il ne faut pas "s'écouter", dit-on dans les campagnes[1] ». Le sentiment du devoir, l'équilibre financier précaire qui pourrait être compromis par le manque à gagner consécutif à l'arrêt de travail et d'autres raisons du genre influencent donc le jugement de la personne sur sa capacité à continuer ou non sa tâche et à ignorer ses malaises ou ses difficultés.

La contribution sociale exigée (ou perçue comme telle) d'un individu — ses tâches familiales, son travail, son engagement communautaire — varient au cours des ans, au gré des circonstances et selon les époques. Parfois, il est trop exigé d'une personne qui se sent alors inadéquate et incapable d'accomplir sa tâche ; elle devient « malade » car elle ne peut plus exécuter ce qu'elle faisait avant, même si en réalité ce n'est plus tout à fait la même chose qui lui est demandée ou si déjà il y avait une surcharge qui devait inévitablement entraîner un épuisement à plus ou moins long terme. Les femmes sont plus souvent malades que les hommes en grande partie parce que notre société s'avère excessivement exigeante à leur égard, les poussant d'un côté vers des emplois à l'extérieur du foyer, mais attendant de l'autre qu'elles s'acquittent de leurs fonctions de ménagères et de mères d'une façon irréprochable.

Notre société, pour intégrer à part entière un individu, manifeste un certain nombre d'attentes plus ou moins bien formulées, mais qui existent tout de même. Selon ces attentes, chaque personne devrait atteindre un certain degré d'autonomie financière, chacun devrait voir à ses besoins de subsistance et d'hébergement, chacun devrait participer

1. Jean-Pierre Dupuy et Serge Karsenty, *L'invasion pharmaceutique,* Paris, Éditions du Seuil, 1974, p. 46.

à un titre ou un autre à la vie civique, etc. Quand vous dépendez de l'assistance sociale, quand vous chômez chroniquement, quand vous n'avez pas de logis fixe, vous êtes un marginal, un parasite. Or nous savons bien que la société est ainsi organisée que tous n'y ont pas les mêmes chances de réussir et qu'en fait il est pratiquement impossible à certains d'arriver à répondre seuls à tous leurs besoins. D'où l'inévitable inadéquation dans nombre de cas et, devant des exigences démesurées, la décompensation et la maladie. De toute façon, même si le tout se joue au niveau inconscient, mieux vaut être malade que « paresseux »...

Une causalité complexe

Les médecins de l'Antiquité — Hippocrate et les autres — reconnaissaient l'influence de l'environnement du malade et de son état mental sur la génèse d'une maladie ; ils avaient aussi compris l'importance de la compassion dans le traitement. Les traitements qu'ils prodiguaient n'étaient pas très « scientifiques » : ils variaient d'un malade à l'autre et chaque thérapeute avait son approche particulière. Mais sous l'influence de Descartes entre autres, au XVIIe siècle, la situation allait changer et la médecine devenir rationnelle : tout effet doit avoir une cause, toute maladie doit aussi s'expliquer d'une façon physiologique. Il y eut bien quelques tâtonnements dans cette voie — par exemple les saignées qui devaient soulager de la congestion achevèrent bien des malades —, mais les découvertes de Pasteur au siècle dernier allaient enfin consacrer le modèle mécaniste : la maladie est causée par un microbe, toute maladie est provoquée par une perturbation du fonctionnement de l'organisme. Depuis, la médecine s'est penchée de plus en plus minutieusement sur les corps malades, elle a développé une technologie toujours plus perfectionnée pour arriver à analyser ce qui se passe au niveau cellulaire même.

Dans toute maladie, il se produit des changements au niveau des cellules et par conséquent au niveau du fonctionnement interne, du sang et des sécrétions. Même les personnes atteintes de maladies psychiatriques graves présentent des anomalies dans certains tests sanguins ; de là à conclure que ces maladies sont dues à un dysfonctionnement de l'organisme qu'il s'agirait de corriger pour rétablir le malade, il n'y a qu'un pas que les médecins ont vite franchi.

En fait, toute maladie trouve son origine dans une multitude de facteurs : physiques, psychologiques, sociaux. Et toute maladie se traduit, avec le temps, par des modifications physiques et psychologiques, mais aussi par des changements dans les relations avec l'entourage ; « il est par conséquent injustifié, comme l'écrit René Dubos, de diviser les maladies selon leur présumée origine physique, psychosomatique ou psychique. Un très large pourcentage des maladies est l'expression de réponses inadéquates à l'environnement[2] ». Une découverte faite par hasard à l'*Ohio State University* illustre bien cette globalité des êtres vivants. Dans un laboratoire, on donnait à des lapins une alimentation riche en graisses pour les amener à faire de l'artériosclérose, ce qui, après un certain temps, survient dans presque tous les cas ; or au moment de l'autopsie, il apparut qu'un groupe particulier de lapins présentait un taux d'artériosclérose de 60 p. 100 moins élevé que l'ensemble des lapins. Après avoir contrôlé tous les facteurs qui auraient pu expliquer cette différence (sexe,

---

2. René Dubos, *Man Adapting...*, p. 268.

stock génétique, etc.), les chercheurs découvrirent que le seul facteur qui distinguait ce groupe des autres était que l'appariteur qui s'occupait de ces lapins leur parlait et les sortait de leur cage pour les caresser. Se demandant si ce n'était là qu'une coïncidence, les chercheurs répétèrent l'expérience, mais en contrôlant cette variable, et ils obtinrent exactement les mêmes résultats[3].

Si les lapins réagissent ainsi à des facteurs psychosociaux, qu'en sera-t-il des humains ? La médecine reconnaît comme facteurs de risque importants dans les maladies cardiaques un taux élevé de cholestérol sanguin, le diabète, l'hypertension artérielle, la cigarette ; pourtant, chez plus de 50 p. 100 des nouveaux cas de maladie cardiaque, aucun de ces facteurs n'est présent ! Un facteur de risque, une tendance héréditaire par exemple, ne s'actualise pas nécessairement ; peut-être cette tendance n'existe-t-elle qu'en tant que voie ouverte que nous pourrons emprunter au besoin, quand il nous conviendra d'être malade ?

> Pourquoi on « tombe malade », s'est demandé Gérard Briche ; parce qu'on ne peut plus survivre... Si l'on prend la marche de la vie (biologique et sociale) comme un courant, implacable, celui qui « se déclare » malade est celui qui s'écarte de cette marche, pour se mettre à l'abri : il démissionne. C'est quelquefois pour souffler. D'autres, parce que la vie est trop dure : toute maladie est tentative de suicide. Comment « on tombe malade » ? Par tous les moyens à sa disposition. Encore une image, non pour trancher définitivement, mais pour tenter de comprendre : celui qui a « décidé » (ou qui est contraint, peu importe) de se mettre en marge, tire quasi automatiquement comme une trappe. Il en sort ce qui se présente : microbe ou auto-anticorps, défaut de fabrication (héréditaire) qui lâche, accident (professionnel ou autre...)

---

3. Rapporté dans Larrey Dossey, *L'espace, le temps et la santé,* Montréal, Québec/Amérique, 1990, p. 103.

> le tout avec une défection locale de préférence et selon le milieu (race, climat, environnement) dans lequel on est[4].

Les Simonton, qui ont traité pendant plusieurs années des malades cancéreux en phase terminale, expliquent en d'autres mots le même phénomène :

- Des niveaux élevés de stress émotionnel augmentent la susceptibilité à la maladie.
- Le stress chronique conduit à la mise hors circuit du système immunitaire, ce qui à son tour mène à une susceptibilité accrue à la maladie — et spécialement au cancer.
- Le stress émotionnel, qui supprime le système immunitaire, aboutit aussi à des déséquilibres hormonaux. Ces déséquilibres pourraient augmenter la production de cellules anormales précisément au moment où le corps est le moins capable de les détruire[5].

Nous sommes tous différents les uns des autres ; nous sommes exposés à des facteurs de risque divers, nous possédons un stock génétique unique, nous avons été agressés différemment, si bien que nous empruntons des voies variées dans nos façons d'être malades. Certaines de ces voies se ressemblent dans leur symptomatologie, ce sont les maladies ou les syndromes décrits par la médecine ; d'autres voies sont absolument atypiques. Certaines maladies se manifestent surtout par des symptômes physiques, d'autres par des symptômes psychologiques ; elles peuvent tout de

---

4. Gérard Briche, « La fabrication des malades », *La santé à bras-le-corps, Autrement,* n° 26, p. 23.

5. Carl Simonton, Stephanie Matthews-Simonton et James L. Creighton, *Getting Well Again,* New York, Bantam Books, 1978, p. 46.

même avoir une origine identique. Et un peu comme le cheval qui s'emballe et échappe au contrôle du cocher qui voulait le faire aller plus vite, souvent la maladie nous échappe; « une fois le processus engagé, l'individu n'est plus maître le plus souvent de son destin, écrit Gérard Briche; il est même surpris souvent de l'importance des troubles, au point de sembler dire: je ne voulais pas aller jusque-là[6]... »

Décoder le message

La maladie n'est donc pas un hasard, le fruit de la rencontre entre telle personne et tel microbe par exemple. Chaque jour nous sommes en contact avec des millions de microbes, nous en hébergeons même des colonies entières dans notre intestin et ailleurs; nous ne développons une maladie que lorsque finalement certaines conditions sont remplies. C'est notre organisme qui crie alors au secours et qui sonne l'alarme parce que nous exigeons trop de lui et ne répondons pas à ses besoins, parce que nous manquons de sommeil, nous nous alimentons mal, nous respirons des produits toxiques, nous sommes trop tendus, etc. C'est notre corps qui exprime le manque d'affection ou d'attention dont nous souffrons et que nous n'arrivons pas à avouer à notre entourage ou à nous-mêmes. C'est une façon de se tirer élégamment d'une situation inextricable dans laquelle nous sommes plongés. Les Simonton, qui ont demandé systématiquement à leurs patients de dresser une liste des avantages qui découlaient de leur maladie, ont relevé ces cinq groupes de bénéfices qui reviennent le plus souvent:

---

6. « La fabrication... », *op. cit.*

– recevoir la permission de se retirer de l'obligation de régler un problème ou une situation difficile;

– obtenir de l'attention, des soins, du « maternage » des gens autour de soi;

– avoir la chance de concentrer son énergie psychologique pour s'occuper d'un problème ou pour développer une nouvelle perspective;

– acquérir un stimulant pour la croissance personnelle ou pour modifier des habitudes malsaines;

– ne plus devoir être à la hauteur de ses propres exigences élevées ou de celles que les autres entretiennent à son égard.

Les maladies ou les accidents sont des messages ou des moyens risqués; si nous n'arrivons pas assez tôt à les décoder et à répondre autrement aux besoins qu'ils expriment, nous risquons à un moment donné de dépasser le point de non-retour et d'être débordés. Cependant, ce décodage est rarement simple. À l'occasion, la maladie est la conséquence évidente d'un certain nombre d'abus; il s'agit alors de petites maladies aiguës comme le rhume ou l'indigestion qui disparaissent dès que nous retrouvons notre équilibre. De leur côté, les agressions chroniques à notre équilibre se traduisent d'abord par des symptômes ou des malaises vagues: difficultés à digérer, maux de tête à répétition, douleurs articulaires ou musculaires, etc. Les conflits profonds, les situations complexes et les agressions multiples et répétées amènent le développement de maladies graves; tout cela est parfois profondément enfoui dans le subconscient et requiert une analyse attentive pour ressurgir.

Tout serait plus facile si tel malaise ou telle maladie nous signifiait automatiquement un sens précis ; mais l'organisme a des voies limitées pour réagir et chaque individu tend à utiliser plus facilement certaines voies que d'autres.

Les traitements symptomatiques, qui caractérisent l'approche médicale et aussi beaucoup d'autres approches dites « alternatives », présentent l'inconvénient majeur de faire disparaître le signal, de faire taire l'alarme sans chercher à capter le message pour permettre d'agir en conséquence. C'est un peu comme si nous nous contentions d'enlever la pile du détecteur de fumée quand celui-ci commence à sonner. La maladie ne fait plus mal, le symptôme disparaît parce que nous avons élevé le seuil de la douleur grâce à telle potion ; mais la maladie peut progresser ou prendre d'autres chemins si nous avons bloqué celui-là, quand nous ne prenons pas les mesures qu'il faudrait. Si mon niveau de stress trop élevé provoque des maux de tête, je peux facilement les contrôler par des comprimés ou par le massage de certains points déterminés par le shiatsu, mais il n'en demeure pas moins que si je continue à vivre de la même façon stressante, mon organisme va encore continuer à réagir et la prochaine maladie risque d'être plus grave.

Bien sûr qu'en présence d'une infection microbienne ou à l'occasion d'autres maladies aiguës, certaines formes de traitement peuvent s'avérer utiles ; les conséquences de ce type de maladies peuvent en effet dépasser l'objectif d'alarme et entraîner des dommages sérieux et parfois irréparables. Mais l'application de ces traitements ne devrait pas empêcher la recherche du sens de la maladie ni la mise en marche des mesures qui semblent s'imposer. Il faut bien réaliser que ce genre de maladies foudroyantes ne constitue d'ailleurs qu'une part infime des consultations médicales ;

la plupart des autres proviennent de malades souffrant de symptômes divers qui, tout en n'accompagnant pas encore une maladie bien caractérisée, n'en sont pas moins remplis de signification.

Beaucoup de traitements privent le malade d'une partie de ses moyens pour lutter efficacement contre sa maladie. En effet, de nombreux médicaments agissent au niveau du système nerveux et provoquent une certaine confusion, de l'apathie, etc. ; de plus, ils intoxiquent d'une certaine façon l'organisme et exigent un travail accru du foie et des reins surtout. Enfin, ils faussent les réactions de l'organisme et empêchent le malade de savoir s'il a bien capté le message de sa maladie et si les autres mesures qu'il met en marche sont efficaces.

Les médecins prescrivent facilement des médicaments pour diverses raisons, entre autres parce que nous leur en demandons, ouvertement ou non. Confrontés à la douleur, à tout phénomène biologique inhabituel comme une diarrhée par exemple, à toute limitation de nos fonctions, nous prenons peur et nous cherchons une solution rapide et si possible facile ; les médicaments répondent fort bien à ces attentes. Pourtant, il serait nécessaire que nous acceptions de souffrir à l'occasion, que nous apprenions à faire face à la douleur et à la contrôler sans médicaments ; nous pourrions ainsi laisser le temps à notre organisme de mettre en marche ses propres mécanismes pour régler le problème. *La capacité d'autoréparation du corps est absolument incroyable, à condition qu'on lui en donne la chance !*

Les soi-disant maladies mentales

Certains malades expriment leurs malaises par la voie des émotions ou des comportements. La dépression, la schizophrénie, la psychose maniaco-dépressive sont des maladies qui empêchent l'individu qui en est atteint de fonctionner ; là encore, ces états peuvent être le résultat et le témoignage d'une situation donnée et il serait nécessaire de tenter d'en comprendre le sens. Comme c'est justement la capacité de raisonner qui se trouve en grande partie touchée, l'entourage du malade prend alors une importance absolument capitale. Mais l'entourage, qui d'ailleurs constitue souvent un élément important du problème, ne tolère pas la maladie mentale. Il tente d'éloigner les victimes, même celles qui ne présentent aucun danger ni pour elles-mêmes ni pour les autres ; et il demande aux médecins de « corriger » leur comportement, même si le prix du traitement est élevé en termes de dommages au cerveau (par les électrochocs ou les médicaments surpuissants).

La maladie mentale fait si peur que tout comportement qui pourrait l'évoquer, toute bizarrerie devient inacceptable et requiert un traitement. Bien sûr qu'il y a des gens qui se marginalisent, qui adoptent des comportements asociaux, qui décrochent. Mais que nous disent-ils, sinon que notre société est de plus en plus bloquée, que nous atteignons des niveaux de stress antérieurement inconnus, que l'éclatement des solidarités conduit trop souvent à la solitude ? Que peuvent alors les psychiatres, sinon tenter de « normaliser » les déviants, de les rendre comme les autres et de faire taire leurs cris ?

En confiant aux psychiatres le soin des gens en crise, nous nous défilons quelque peu. Si tant de gens « craquent » aujourd'hui, si les suicides augmentent tellement depuis quelque temps, c'est que notre société devient de plus en plus difficile à vivre. Nous devrions nous interroger sérieusement et tenter de provoquer les remises en question qui s'imposent. Et en attendant, déjà nous pourrions nous serrer les coudes pour éviter que tant de personnes se retrouvent seules ; prêter attention aux besoins de communiquer des personnes de notre entourage ; développer les solidarités dans nos communautés. Ce n'est pas du jour au lendemain qu'une personne devient désorientée, déprimée ou suicidaire ; si nous étions plus sensibles aux messages que nous lancent les gens, nous saurions les écouter quand ils en ont besoin et parfois les conseiller. Et même au moment de la crise, nous pouvons encore faire beaucoup, en écoutant, en tolérant, en accompagnant, en essayant de découvrir les ressources qui, dans les circonstances, pourraient être les plus utiles à la personne touchée. Il existe un certain nombre d'organismes ou d'associations de « psychiatrisés » qui constituent d'excellents soutiens pour les gens aux prises avec des difficultés de fonctionnement psychosocial.

La maladie, un nouveau départ

La maladie, à moins qu'on ne l'évacue totalement de son sens et qu'on s'en décharge pour la confier aux « bons soins » des thérapeutes, amène à faire le point, à effectuer des choix et bien souvent à se réorienter. Elle peut être une occasion de croissance ; de la désorganisation naît une nouvelle organisation qui peut être meilleure que l'ancienne. La guérison survient quand un nouvel équilibre est atteint, ce qui peut signifier qu'on ne se retrouve pas exactement comme avant : cependant, ce qui a été perdu est compensé la plupart du temps par des acquis nouveaux.

CHAPITRE 9

Le rôle ambigu de la médecine

LA MÉDECINE occupe une place de première importance dans notre système de soins de santé. Les porte-parole des médecins déplorent bien, depuis quelques années, la perte progressive du pouvoir des médecins au profit des technocrates, mais ce ne sont là que réactions exagérées de privilégiés jaloux de leurs prérogatives. Dans le secteur de la santé, toutes les actions sont imprégnées de l'approche médicale et même quand les médecins sont absents des centres de décision, c'est leur philosophie qui prévaut, si bien que nous consacrons plus de 97 p. 100 de nos dépenses dites de santé... à la maladie! Notre système de soins de santé s'occupe des malades: il défraie les consultations auprès des médecins, l'achat des médicaments qu'ils prescrivent à certaines catégories de leurs clients, les interventions chirurgicales qu'ils décident de pratiquer, les prothèses qu'ils jugent nécessaires, les hôpitaux qu'ils remplissent des malades qu'ils choisissent, etc. Même les rares actions entreprises dans une optique préventive sont perverties par l'approche médicale et ne s'adressent qu'à certains facteurs de risque bien limités ou ne sont que des mesures de dépistage souvent inutiles, puisqu'on ne sait comment traiter adéquatement les maladies découvertes. Alors que tous les autres secteurs d'intervention publique — l'éducation, les loisirs, l'environnement... — font l'objet de consultations publiques et d'évaluations, la « santé » demeure la chasse gardée des médecins.

Pourquoi la médecine ?

La médecine allopathique, qui occupe cette place de choix dans tous les pays occidentaux, ne s'est pas imposée d'emblée, parce qu'elle avait des bases scientifiques incontestables ou par suite de succès thérapeutiques impressionnants. Encore à la fin du siècle dernier, la médecine allopathique était une approche de soins parmi d'autres. La médecine a pu gagner la place dominante qu'elle occupe par rapport aux autres façons de soigner grâce à l'aide qu'elle a reçue des pouvoirs établis qui voyaient en elle une alliée de choix pour le maintien du *statu quo*.

C'est en Europe que la médecine s'est développée à l'époque où l'Église catholique exerçait un contrôle absolu sur tous les secteurs de la vie. L'Église a pendant longtemps empêché l'évolution de la médecine ; elle imposait son dogmatisme à l'approche médicale, relevant alors en grande partie de la théologie. Les médecins officiels, ceux qui avaient suivi des cours théoriques, ne s'abaissaient pas à soigner le peuple ; celui-ci possédait ses propres guérisseurs et surtout ses guérisseuses, objets d'ailleurs de maintes persécutions de la part de l'Église qui les poursuivait sous diverses accusations, de l'hérésie à la sorcellerie. La maladie était d'ailleurs considérée comme une épreuve individuelle et la société n'offrait aucune ressource pour y faire face ; les premiers hôpitaux n'ont été que des hospices où l'on allait mourir, mais non se faire soigner.

En Amérique, les premiers arrivants adoptèrent à peu près le même modèle. Les médecins tentèrent bien de se faire accorder le monopole des soins, ce qu'ils réussirent dans quelques États américains, mais le vent de liberté qui soufflait se prêtait mal aux interventions autoritaires étatiques, si bien que les différentes approches de soins se développèrent parallèlement. Au début du siècle cependant, deux riches fondations américaines — Carnegie et Rockefeller — prirent fait et cause pour la médecine allopathique et commencèrent à injecter des millions de dollars dans le système d'enseignement universitaire de la médecine ; les médecins allaient par la suite disposer d'un diplôme « sérieux » à opposer aux autres guérisseurs et ils se firent rapidement octroyer le monopole des soins dans plusieurs États. Les autres soignants furent par la suite de plus en plus marginalisés, quand ils ne furent pas carrément déclarés hors la loi.

Qu'étaient ces médecins par rapport aux autres guérisseurs ? Sur le plan scolaire, ils avaient une formation très disparate. Ils utilisaient des méthodes thérapeutiques fort radicales comme la saignée, les doses massives de laxatifs et l'opium. Comme le notent deux sociologues américaines,

> il n'y a pas de doute que ces remèdes pouvaient être fatals ou plus dangereux que la maladie elle-même. Olivier Wendell Holmes Sr., un excellent médecin, alla même jusqu'à dire que si l'on jetait à la mer tous les médicaments utilisés par les « réguliers » aux États-Unis, ce serait une bien bonne chose pour les patients, mais un grand malheur pour les poissons. Les guérisseurs étaient sans aucun doute moins dangereux et plus efficaces que les « réguliers ». Ils préféraient les médications à base de plantes, le jeûne, les changements de régime

> alimentaire ou les vertus d'une simple présence, aux méthodes « héroïques »[1].

Par rapport aux autres guérisseurs, les médecins présentaient certaines tendances qui laissaient voir qu'ils étaient du côté des pouvoirs établis : ils excluaient de leurs écoles les Noirs et les femmes, ils recrutaient leurs membres surtout dans les milieux bourgeois et de plus en plus, ils se rapprochaient des universités et de l'élite intellectuelle ; ils ne remettaient donc pas en question cette société dont ils étaient eux-mêmes une portion privilégiée.

Le développement du positivisme en Europe et le rapprochement avec les universités permirent à la médecine de faire des pas de géant dans la connaissance et la compréhension du corps humain. La transformation graduelle des hôpitaux en centres de traitement fournit aussi la chance d'étudier les maladies et de développer la clinique. Le regroupement de malades souffrant des mêmes maladies aboutit bientôt au développement de certaines spécialités. Le corps humain devenait un objet d'étude de plus en plus minutieusement analysé, mais ce fractionnement des connaissances allait conduire à perdre de vue la globalité de la personne humaine.

L'illusion médicale

Apparemment, la médecine est très scientifique. Ses praticiens utilisent un langage hermétique, ses chercheurs trouvent des explications aux phénomènes les plus complexes, son enseignement universitaire est reconnu comme très rigoureux. Au cours de son évolution, la médecine a toujours su se frotter aux autres sciences et intégrer les

---

1. Barbara Ehrenreich et Deirdre English, *Sorcières, sages-femmes et infirmières,* Montréal, Les Éditions du remue-ménage, 1976, p. 41.

découvertes qui pouvaient la faire progresser; aujourd'hui encore ses diagnostics et traitements s'appuient sur une technologie de pointe. Tout cela serait excellent si les êtres humains... n'étaient pas humains, s'ils n'étaient que des assemblages mécaniques; or comme nous l'avons vu, chaque être humain est une entité complexe qui ne peut être totalement captée au microscope ou par quelque appareil, aussi perfectionné soit-il. Les phénomènes saisis par l'analyse médicale ne rendent compte que d'une partie de la réalité. En voulant rendre la médecine de plus en plus scientifique, les médecins parcellisent et fractionnent de plus en plus, ce qui leur fait perdre de vue l'ensemble. Ils essaient d'« objectiver » la maladie, de trouver des indices mesurables qui décrivent les perturbations internes, si bien qu'ils portent davantage attention aux résultats de leurs tests et analyses qu'aux sensations et impressions de leurs malades. Ainsi par exemple, comme certaines recherches le démontrent, le monitorage fœtal, qui permet, pendant l'accouchement, de relier le fœtus à un appareil perfectionné en vue de connaître son état, a eu comme résultat global de faire doubler le taux de césariennes sans pour autant permettre de sauver plus d'enfants que les approches plus traditionnelles.

Certes, la médecine réalise à l'occasion des « performances » absolument spectaculaires: les transplantations d'organes en sont des exemples. Mais quel est l'avenir de ces techniques et quels en sont les bénéfices pour l'ensemble de la société? Jamais on ne pourra envisager le remplacement massif des organes malades; certains malades privilégiés ($$$) bénéficieront des organes disponibles forcément limités, mais les autres devront s'en passer; c'est déjà la triste réalité des greffes rénales. Il existe dans certains pays des cliniques spécialisées qui effectuent des transplantations à partir de reins achetés de citoyens du tiers monde. Même quand tout se fait « régulièrement », il faut savoir que chaque transplantation coûte des dizaines et même des centaines de milliers de dollars en frais divers ; les mêmes sommes affectées à l'éducation et à la prévention seraient beaucoup plus rentables à long terme, pour éviter justement d'avoir à faire ces transplantations. Mais ces actions n'ont pas le panache de la chirurgie. Et les actions d'éclat sont fort importantes pour la médecine ; d'une part, elles permettent d'attirer l'attention sur ses réalisations spectaculaires et d'ainsi laisser dans l'ombre ses nombreux insuccès, ses erreurs et ses défauts ; d'autre part, elles contribuent à maintenir la dépendance des gens qui n'ont pas à se prendre en charge et à changer quoi que ce soit à leur façon de vivre, puisqu'ils croient que la médecine disposera bien de l'appareil ou de la technologie pour régler leurs problèmes le jour où ils surviendront.

L'appareillage sophistiqué dont se servent les médecins impressionne ; il existe actuellement plus de 5000 catégories d'appareils médicaux pour le diagnostic ou le traitement. Les médecins se laissent facilement séduire par toute nouvelle quincaillerie qui leur est offerte, si bien qu'ils l'incorporent à leur pratique sans même s'interroger sur son utilité réelle et surtout sans se préoccuper de son efficacité ni de ses dangers. En 1978, le Bureau d'évaluation des technologies du gouvernement américain estimait que seulement 10 à 20 p. 100 des pratiques médicales pouvaient être considérées comme vraiment utiles. Et c'est à répétition que nous découvrons tardivement des effets nocifs à certains traitements massivement utilisés pendant des années. À ce sujet, l'affaire du D.E.S. vaut la peine d'être racontée.

Le D.E.S. (diéthylstilbœstrol) est le nom générique d'hormones synthétiques qui ont été prescrites à partir de 1948 aux femmes enceintes qui faisaient des fausses couches à répétition ou qui avaient une grossesse difficile.

Ce traitement a été entrepris à partir de l'hypothèse que la fausse couche était causée par un manque d'hormones œstrogènes durant cette grossesse; les compagnies pharmaceutiques l'ont commercialisé sous des centaines de noms différents et les médecins l'ont prescrit à des millions de femmes. Dès 1952, les premières études *sérieuses* sur l'efficacité de ce médicament ont montré qu'il n'empêchait en rien les fausses couches et qu'au contraire il pouvait même les faire augmenter; les médecins ont cependant continué à l'utiliser abondamment jusqu'en 1971, au moment où la régie américaine du contrôle des médicaments décréta qu'il y avait du danger à employer ce médicament; le lien venait en effet d'être établi entre l'emploi par les mères du D.E.S. et le développement chez leurs filles d'un cancer vaginal, plutôt rare entre l'âge de 15 et 30 ans. Depuis, un grand nombre d'enfants de ces millions de mères aux États-Unis, au Canada et en Europe ont été examinés; 97 p. 100 des filles dont la mère a pris ce médicament présentent des anomalies du vagin ou du col utérin qui heureusement sont souvent bénignes, mais qui causent fréquemment des problèmes de fertilité et dégénèrent parfois en cancer. Chez les garçons, les atteintes sont moins fréquentes, mais provoquent aussi des problèmes relatifs à leur capacité de féconder.

Cette histoire tragique n'est pas un cas isolé, loin de là; il y a aussi celle de la thalidomide[2]. Cet autre exemple montre bien comment les médecins acceptent des nouveautés sans avoir la preuve de leur efficacité et surtout de leur innocuité; même quand la preuve scientifique de l'inefficacité d'un médicament est établie, les médecins

---

2. La thalidomide est responsable d'un arrêt de croissance pendant la grossesse. De nombreux enfants sont nés sans bras ou sans jambes.

continuent à accorder davantage foi aux affirmations des compagnies pharmaceutiques qu'à celles des chercheurs. De plus, cet exemple prouve l'inefficacité des contrôles gouvernementaux ; en fin de compte, les malades sont des cobayes sur lesquels les technologies sont expérimentées jusqu'à ce qu'elles s'avèrent inefficaces ou dangereuses.

Les maladies iatrogènes

Nous recourons aux soins médicaux souvent parce que nous avons peur ; le malaise dont nous souffrons pourrait en effet être l'indice d'une maladie qui risque peut-être de nous conduire à la mort. La mort constitue un événement ou un moment que la plupart des gens veulent faire reculer à n'importe quel prix ; la personne qui peut les aider (ou qu'on croit capable de le faire) acquiert un pouvoir extraordinaire ; c'est ce qui explique la soumission aveugle qui caractérise l'attitude de tant de gens vis-à-vis de leurs soignants.

Pour les médecins, habitués dès leurs premiers stages à l'hôpital à côtoyer la mort, celle-ci n'a pas le même sens que pour les autres, elle devient quelque peu banalisée. La mort — celle des autres évidemment — se transforme en un événement comme un autre, en une des conséquences possibles d'une maladie qui peut aboutir à la guérison, à la chronicité ou au décès. C'est là le cours naturel de la maladie. Les interventions médicales sont orientées vers la guérison des malades, mais ceux-ci doivent souvent accepter la chronicité et la mort est toujours possible. Quand la guérison survient, le médecin a réussi ; quand la maladie s'installe ou quand la mort arrive, la nature a été plus forte. On voit qu'avec un tel raisonnement, le médecin a toujours le beau rôle ; et effectivement, la plupart des médecins ne s'imaginent même pas que leurs interventions pourraient nuire à leurs malades ; quand ils se reprochent quelque chose, c'est généralement de n'être pas assez intervenus ! Or depuis quelques années, des chercheurs ont commencé à évaluer l'impact des interventions médicales et ce qu'ils nous révèlent est alarmant. Les maladies « iatrogènes » — c'est-à-dire causées par l'intervention médicale — existent bel et bien et en quantité. Ivan Illich fut parmi les premiers à attirer l'attention sur ce phénomène :

> Le département de la santé des États-Unis a calculé que 7 p. 100 de l'ensemble des malades hospitalisés souffrent, du fait de leur hospitalisation, de lésions pour lesquelles ils pourraient demander indemnisation, bien que peu d'entre eux le fassent [...]. Il a été établi qu'un malade sur cinq admis dans un hôpital universitaire moyen y contracte une maladie iatrogène, parfois bénigne, nécessitant le plus souvent un traitement particulier, et mortelle une fois sur 80[3].

De nombreuses études corroborent ces données. Il y a quelques années, le Conseil des affaires sociales et de la famille du Québec estimait qu'entre 5 et 7 p. 100 des admissions à l'hôpital survenaient à la suite de réactions anormales aux médicaments et, pendant l'hospitalisation, entre 6 et 36 p. 100 des malades voyaient leur état aggravé par les médicaments au point de devoir passer deux fois plus de temps à l'hôpital que les autres malades[4].

J'ai l'impression que la situation doit aller en s'aggravant, à cause des deux facteurs suivants : les restrictions

---

3. Ivan Illich, *Némésis médicale,* Paris, Éditions du Seuil, 1975, p. 42.

4. Gouvernement du Québec, Conseil des affaires sociales et de la famille, *Médicaments ou potions magiques,* 1982, pp. 60 et suivantes.

budgétaires auxquelles sont soumis les hôpitaux et le développement de la technologie médicale.

En fait, ce n'est pas tellement l'ampleur des restrictions budgétaires, mais la façon dont elles sont appliquées qui est inquiétante. Les hôpitaux coûtent cher et leur gestion pourrait probablement être améliorée ; mais les administrateurs, dans leur volonté d'économiser, osent rarement s'attaquer à l'empire médical et à la façon dont les médecins travaillent. Or c'est de ce côté qu'il y aurait lieu de couper certaines dépenses, puisque très souvent on pourrait diminuer le nombre d'analyses et d'examens, de médicaments donnés aux malades, les acquisitions de nouveaux appareils qui ne fournissent pas d'avantages significatifs par rapport aux anciens, etc., et tout cela sans que les malades aient à en souffrir, *bien au contraire.* Il y a des médecins qui prescrivent de routine à tous leurs patients qui entrent à l'hôpital des analyses et examens sans intérêt dans la situation où ils se retrouvent. Beaucoup de médecins donnent systématiquement certains médicaments à leurs malades sans s'enquérir de leurs besoins. Malgré la rareté des lits — à ce qu'on dit — beaucoup de personnes sont hospitalisées inutilement. Ainsi, beaucoup plus d'interventions chirurgicales mineures pourraient se pratiquer en clinique externe ou en hospitalisation d'un jour. Mais pour les médecins, l'hospitalisation est rentable : quand ils se rendent chaque jour à l'hôpital pour visiter leurs malades, il est financièrement plus intéressant de facturer plusieurs visites...

N'osant s'attaquer à la pratique médicale, les administrateurs qui doivent comprimer leur budget coupent dans le personnel non médical. Moins de secrétaires, de téléphonistes, de préposés aux malades, d'infirmières, donc moins de services directs aux malades qui sont souvent laissés à eux-mêmes pour de longs moments, avec les risques que cela représente dans certains cas; de plus, il en résulte une baisse dans la qualité des relations avec les malades. Les administrations ont fort bien intégré la logique médicale: à l'hôpital, selon les départements, on soigne telle partie de l'organisme, on panse des plaies, on s'occupe du corps: tout le matériel pour ces soins est disponible, et les soins eux-mêmes sont prodigués « tel que prescrit ». Mais pour les administrateurs comme pour les médecins, l'écoute des malades, la communication, la chaleur, les soins personnalisés n'ont pas d'importance; on rationalise donc les soins pour assurer le minimum — les soins physiques — sans prévoir le reste, qui est pourtant essentiel à la guérison.

Le développement de la technologie médicale est un autre facteur qui contribue à l'augmentation des accidents qui surviennent à l'hôpital. Le but des appareils médicaux est de donner une extension aux sens du médecin, lui fournissant la possibilité d'aller plus loin qu'il ne pourrait le faire avec ses yeux, ses oreilles, ses mains. Les techniques médicales permettent souvent de pénétrer à l'intérieur du corps, par exemple en traversant certains tissus au moyen des rayons X, en allant chercher des morceaux de tissus grâce aux biopsies ou encore en examinant sous microscope ou par mesure biochimique certaines productions organiques comme le sang ou l'urine. Diverses technologies médicales causent des lésions aux tissus et à l'occasion peuvent ouvrir la voie aux bactéries qui par la suite peuvent causer des infections et provoquer parfois des conséquences dramatiques.

Sans nier l'utilité de la plupart des technologies médicales *dans certains cas*, il faut tout de même constater qu'on les emploie de plus en plus fréquemment et dans des circonstances souvent injustifiées. Beaucoup de raisons expliquent le recours toujours plus fréquent des médecins à la technologie médicale. Leur formation à l'hôpital, où toute action s'appuie sur une technologie complexe, constitue certainement une orientation de départ fondamentale dans ce sens ; et plus on se sert d'appareils pour remplacer l'usage de ses sens dans l'examen physique ou le questionnaire, plus on perd l'habileté clinique et la capacité d'arriver à un diagnostic sans les résultats d'examens et analyses multiples. Nombre de médecins expliquent le recours croissant à la technologie par le besoin de se protéger contre d'éventuelles poursuites dans les cas où ils n'auraient pas posé un diagnostic assez vite ou que leur diagnostic se soit révélé faux. Ils parlent de « médecine défensive » ; mais personne, et certainement pas les tribunaux québécois qui ont toujours manifesté un préjugé favorable envers les médecins, personne ne demande aux médecins de faire l'impossible. Si un médecin a procédé à un bon examen, s'il a attentivement interrogé son malade et s'il ne soupçonne aucune pathologie susceptible d'être révélée par une analyse ou un examen donnés, il n'y a aucune justification au recours à des procédures diagnostiques sophistiquées.

Il existe cependant d'autres raisons, inavouables par les médecins, pour tant utiliser la technologie. En voici quatre :

- beaucoup de techniques requièrent la collaboration du médecin pour leur exécution ou leur interprétation et cette participation est rémunérée ; c'est donc là une façon, pour des médecins, d'augmenter leurs revenus. C'est le cas entre autres de la radiologie, de l'échographie, de la tomodensitométrie, de la microbiologie ;

- nombre de personnes se présentent chez le médecin avec des symptômes vagues qu'il est difficile d'attribuer à une lésion précise, parce que justement une telle lésion n'existe pas encore ; ces malades « fonctionnels », comme les appellent les médecins, requièrent de la compassion, de l'attention, des conseils — et tout cela exige un temps que le médecin ne veut leur consacrer et des habiletés qu'il n'a pas eu à développer. Le recours aux examens permet de temporiser tout en faisant quelque chose de concret : « Nous allons voir s'il ne s'agit pas de telle pathologie. » De plus, cela favorise la multiplication des consultations : « Revenez me voir quand le résultat sera arrivé » ;

– les médecins ont une croyance profonde dans la technologie médicale — sinon ils ne recevraient plus de malades. Pour justifier l'achat d'appareils sophistiqués, il faut une demande suffisante ; même si l'hôpital voisin possède tel appareil et qu'on pourrait faire appel à sa collaboration pour les analyses que cet appareil est le seul à pouvoir faire, les médecins n'aiment pas devoir attendre et dépendre d'un autre établissement de santé ; pour justifier l'acquisition d'un appareil, les médecins n'hésitent donc pas à demander les examens en question même si leur utilité est douteuse ; ils se disent que les malades qui en ont vraiment besoin jouiront ainsi d'un meilleur service ;

– une fois qu'on possède un appareil, pourquoi ne pas l'utiliser à pleine capacité ? De toute façon, se disent les médecins, les renseignements supplémentaires ainsi obtenus ne peuvent qu'être utiles...

Chaque fois qu'il est fait appel à la technologie, on introduit un élément nouveau entre le malade et son médecin, et cet élément peut produire de la distorsion ; malgré le raffinement des appareils, les erreurs y sont toujours possibles ; il y a également les erreurs sur la personne qui surviennent parfois, quand le résultat d'une analyse effectuée sur une personne est attribué à une autre. Plus les médecins utilisent de tests diagnostiques, moins ils se fient à leur propre jugement et moins ils examinent et interrogent leurs malades. Accordant de moins en moins d'importance aux éléments « subjectifs » pour leur diagnostic (la subjectivité du médecin qui examine et la subjectivité du malade qui exprime ce qu'il ressent), ils écoutent de moins en moins leurs malades.

Les médicaments

Les médicaments constituent la thérapie préférée des médecins. Tous les médicaments présentent des dangers plus ou moins importants ; il suffit de consulter le *Compendium des produits et spécialités pharmaceutiques* — disponible dans toutes les pharmacies — pour constater que chaque médicament possède des contre-indications et des effets secondaires. La plupart des ordonnances des médecins sont composées de médicaments qui n'ont qu'un effet symptomatique : ils soulagent le symptôme, mais n'ont aucune influence sur la maladie. En fait, ce n'est que dans moins de 10 p. 100 des cas que le médicament donné agit sur le processus pathologique et s'avère essentiel ou utile pour aider au retour de l'équilibre. Malgré tout cela, les médecins prescrivent de plus en plus de médicaments. Le marché du médicament double régulièrement tous les cinq ou six ans, ce qui montre bien que la consommation augmente pour tous les secteurs de la population.

La formation médicale

On ne demande pas aux médecins d'être infaillibles ou d'accomplir des miracles ; ils sont humains. Mais au lieu de l'admettre et d'accepter que leurs interventions soient évaluées, que leur pratique soit contrôlée et que les malades puissent participer à leur traitement, ils s'entêtent à se considérer comme des demi-dieux et à intervenir de plus en plus souvent.

Pour arriver à comprendre pourquoi les médecins sont ce qu'ils sont et surtout pourquoi il leur est si difficile de changer, il me semble utile de se pencher sur la formation qui conduit à l'obtention du diplôme de médecin. Je considère en effet le cours de médecine — tel qu'il se donnait à l'époque où je fréquentais l'université et tel qu'il continue essentiellement à se donner — comme l'instrument le plus efficace qui soit pour fabriquer des médecins fondamentalement toujours identiques les uns aux autres. Bien sûr que j'exagère un peu et que de l'un à l'autre, on rencontre des différences ; mais à l'analyse, ce ne sont la plupart du temps que des nuances qui ne modifient pas significativement le fond.

Trois éléments constituent la base de la formation médicale :

– le contenu explicite du curriculum ;

– le contenu implicite transmis par les attitudes des professeurs et la façon dont s'effectuent les stages à l'hôpital ;

– le blindage contre toute influence extérieure.

Seul le premier élément varie au fil des années ; selon les intérêts du moment, on ajoute un peu de nutrition, de sexologie, de sociologie. Tout cela ne modifie pas fondamentalement l'orientation de base du cours, mais permet de donner un « vernis » qui cache les failles profondes.

Le troisième élément devrait être le premier, puisqu'il précède même le cours de médecine. Pour être accepté en médecine, il faut en effet avoir terminé les sciences de la santé au cégep ; il faut surtout y avoir obtenu de très fortes notes. Car un des principaux critères de la sélection des étudiants en médecine est la « capacité intellectuelle », révélée par les notes obtenues au cégep. Pendant de très nombreuses années, ce fut d'ailleurs l'unique critère utilisé à l'Université de Montréal et dans plusieurs autres universités. Quand on sait que chaque année, plus de 1500 étudiants demandent leur admission en médecine à la seule Université de Montréal et que 200 tout au plus sont admis, on imagine facilement la compétition au cours collégial, dans cette course à l'obtention de gros « scores ». Pendant les deux années que dure le cégep, l'étudiant vraiment désireux d'aller en médecine doit consacrer tous ses efforts à l'étude de la physique, de la chimie et des mathématiques, les matières de base des sciences de la santé. Donc, pas question de lire en dehors du curriculum, d'avoir une vie sociale active, de travailler à l'extérieur, de faire beaucoup de sport, d'apprendre à vivre, quoi ! C'est ce que j'appelle la formation par le vide : les étudiants sont coupés de toutes les influences extérieures et arrivent à l'université totalement disponibles aux influences internes, médicales en l'occurrence. Celles et ceux qui réussiront le mieux à s'isoler et à se concentrer sur leurs études obtiendront les meilleures notes et seront acceptés à « la » faculté. Et ils continueront sur la même lancée pendant quelques années, surtout s'ils veulent entrer en spécialité, car ce sont véritablement des connaissances encyclopédiques qu'on tentera de leur faire acquérir. Aucun étudiant en médecine ne peut jamais dire qu'il est à jour dans ses études et qu'il contrôle parfaitement sa matière. Comme chacun, surtout au début, voudrait bien en savoir le plus possible pour devenir meilleur médecin (on lui inculque cette idée idiote !), c'est encore pendant quelques années l'isolement et la concentration sur la matière enseignée... au détriment de la vie.

Les messages implicites, transmis par ceux qui enseignent la médecine, sont les plus importants, car ils marqueront à jamais la pratique médicale future de l'étudiant. En disant « ceux qui enseignent la médecine », c'est volontairement que je ne les nomme pas « les professeurs ». Car il faut savoir qu'en dehors des sciences de base des premières années, le reste des notions de médecine est transmis par des cliniciens, médecins spécialistes pratiquant dans les divers hôpitaux universitaires. En même temps qu'ils livrent leurs connaissances sur telle ou telle maladie, ils transmettent leurs préjugés, leurs attitudes et leurs travers. Leur enseignement se donne à l'université, mais surtout à l'hôpital, souvent autour du lit d'un malade. Voici ce qui se dégage de leur enseignement :

L'être humain est un assemblage d'organes. « Le spécialiste est celui qui en sait de plus en plus sur de moins en moins », a déjà écrit Albert Jacquard. Les spécialistes connaissent bien *un* organe ou *un* système et ils ne s'intéressent qu'à cela. Dès que les symptômes atteignent d'autres régions que celle qu'ils connaissent bien, ils se hâtent d'adresser le cas à d'autres spécialistes. De plus, ils considèrent l'organe qu'ils soignent comme la seule entité intéressante. Un gynécologue a déjà avoué que sa profession serait idéale, « s'il n'y avait pas les bonnes femmes » !

Ce qui intéresse le médecin, c'est la maladie et non le malade. « Va donc voir le beau cancer au 503 » ; la personne qui en est atteinte importe peu. Une belle maladie est une maladie rare, qu'on peut montrer aux confrères et aux étudiants... même si chaque visite dérange et trouble le malade. Un patient atteint d'une affection banale doit libérer son lit au plus tôt ; c'est tout particulièrement vrai des personnes âgées, qui occupent les places trop longtemps.

Il n'y a que deux approches thérapeutiques : la médication et la chirurgie. Tous les problèmes soumis par les malades doivent avoir une solution médicamenteuse. Beaucoup de médecins préviennent même les problèmes de leurs malades en prescrivant d'emblée et systématiquement des médicaments pour tous leurs malades hospitalisés : somnifères, tranquillisants et laxatifs. Nombre de malades acquièrent d'ailleurs une dépendance aux médicaments pendant leur séjour hospitalier. Quand parfois d'autres approches sont prescrites (la physiothérapie par exemple), c'est comme complément des médicaments.

On ne reproche jamais au médecin d'avoir agi, seulement de n'avoir pas assez agi. Les médecins sont des gens d'action et devant n'importe quelle situation, ils agissent ; quand ils ne savent trop que faire, ils y vont au mieux de leur appréciation. Même dans les situations désespérées, même après la mort, les médecins continuent à agir. Souvent leurs actions sont inappropriées, mais cela leur importe peu ; la plupart des autopsies pratiquées dans les hôpitaux démontrent que dans près de 50 p. 100 des cas, les malades sont morts d'autre chose que de ce pourquoi on les soignait. Les médecins acquièrent la conviction qu'en toute circonstance, ils doivent tenter quelque chose. L'absence totale de contrôles extérieurs (par des gens autres que des médecins) permet aux médecins de ne rendre finalement de comptes qu'à eux-mêmes. Forts de cette idée, les médecins apprennent à ne pas craindre les résultats de leurs interventions et donc à intervenir avec audace et sans hésitation. À moi qui me destinais ouvertement à la médecine générale, on a demandé de pratiquer des ponctions lombaires et d'autres interventions dangereuses. Il ne peut que résulter des accidents de telles pratiques : quand en entend-on parler, hors des procès ? Quand a-t-on vu un hôpital ou un médecin reconnaître une faute ? Le système impose le développement de l'esprit d'initiative à tout prix : l'interne ou le résident qui dérange son supérieur ou surtout un patron comprend vite qu'il n'est pas très futé d'avoir appelé l'autre « pour si peu » et qu'il aurait fort bien pu trouver seul ce qu'il fallait faire. Beaucoup d'actes inconsidérés se posent ainsi la nuit et sont camouflés ou encore leurs conséquences minimisées par les patrons, le lendemain matin.

La société est hiérarchisée... et les médecins dominent la hiérarchie. L'hôpital est un lieu fortement hiérarchisé où on apprend vite que les « patrons » occupent le sommet ; viennent ensuite les résidents, les internes, les externes, les étudiants en médecine, les infirmières, etc. Tout en bas, ceux qu'on oublie, ce sont les malades. Au début de leurs stages, les externes ne savent pratiquement rien et doivent compter sur les infirmières pour savoir quoi faire dans les situations auxquelles ils sont confrontés ; et effectivement, beaucoup d'infirmières possèdent une expérience précieuse et un savoir-faire peu commun. Mais dès que l'interne a appris et qu'il a l'impression de savoir quoi faire, souvent il n'accepte plus ni l'intervention ni les conseils de l'infirmière, son inférieure dans la hiérarchie.

La médecine est une approche scientifique. Les facultés de médecine dispensent leur enseignement comme si elles préparaient toujours de futurs chercheurs. Les sciences de base sont mises en évidence. On essaie de développer le raisonnement « scientifique ». Tous les professeurs se montrent rationnels, ne fondant leurs jugements que sur des *hard facts*, du concret, des résultats d'analyses compliquées. Tout ce qui ne s'explique pas n'existe pas. Comme chez les humains des phénomènes souvent imprévus et imprévisibles se produisent, on les relègue au champ de la psychosomatique.

Voilà donc quelques-unes des idées maîtresses qui sont transmises, incrustées devrais-je dire, dans les cerveaux vierges des étudiants. Le processus se fait tantôt subtilement, tantôt brutalement ; il n'est pas étonnant que ces idées, absorbées par des esprits non critiques pendant de longues années de formation, donnent de tels résultats. Les médecins sont marqués au fer rouge par leur formation et c'est pourquoi ils n'arrivent jamais à échapper totalement à son influence et à son conditionnement. Malgré tout, une proportion croissante de médecins se sentent mal à l'aise dans leur pratique ; ils cherchent à échapper au modèle qu'on leur a transmis et vont souvent puiser à d'autres sources des méthodes thérapeutiques moins dangereuses. À ce qu'il me semble, le principal facteur de changement dans la pratique médicale est l'arrivée en grand nombre des femmes dans la profession ; elles constituent maintenant plus de 50 p. 100 de la clientèle étudiante en médecine. Plusieurs facteurs expliquent que les femmes médecins aient une approche différente, notamment le fait qu'elles soient plus près des problèmes quotidiens et qu'elles soient plus sensibles au contexte psychosocial. Cependant, il faudra sans doute attendre quelques années encore avant qu'il y ait assez de femmes, en pratique médicale ou occupant des postes importants dans l'organisation et dans la formation, pour que leur influence puisse apporter à la médecine les changements radicaux dont elle a besoin.

Chapitre 10
Se prendre en charge

Les médecins justifient leurs interventions — médicamenteuses ou autres — par les résultats qu'ils obtiennent. Ils affirment que c'est grâce à leur travail que nous avons atteint une longévité inégalée dans l'histoire humaine. Sur le plan global, il est certainement vrai que les interventions médicales permettent de sauver un certain nombre de vies. La chirurgie d'urgence, les réparations après les accidents, l'antibiothérapie dans les infections graves et nombre d'autres interventions contribuent à empêcher des gens de mourir. Par contre, ce sont les mesures sociales qui ont eu le plus d'influence sur la prolongation de la vie : le traitement de l'eau, la construction d'égouts, l'élimination des famines, etc. Depuis quelques années la longévité n'augmente que très lentement dans les pays industrialisés et elle est entachée par la détérioration de la capacité fonctionnelle des individus ; les gens vivent un peu plus longtemps, mais ils sont aussi plus longtemps invalides. Dans un mémoire qu'ils ont présenté à la Commission parlementaire chargée d'examiner l'avant-projet de loi sur les services de santé et les services sociaux, Marc Renaud et trois autres chercheurs de l'Institut canadien de recherches avancées écrivaient :

> Ce n'est que tardivement et de façon restreinte que certains traitements ont joué un rôle dans le recul des grandes maladies mortelles du passé. D'autres facteurs plus puissants, correlés avec la prospérité grandissante de la société, y ont contribué de façon plus importante : l'amélioration de l'alimentation, des conditions d'hygiène et des conditions générales de vie. Les services de santé sont donc loin de constituer les seuls déterminants de la santé.
>
> Nous connaissons de mieux en mieux les limites de la médecine et, en même temps, nous commençons à savoir que des actions orientées vers les autres déterminants de la santé permettraient une amélioration importante de cette dernière [1].

L'incapacité de la médecine à régler la plupart des problèmes qui lui sont soumis se comprend quand on réalise que ce sont de maladies de civilisation dont souffrent la majorité des gens. Nos façons de vivre ne correspondent plus à nos besoins ; et les médecins se préoccupent à peine de ces facteurs pathogènes, sur lesquels d'ailleurs ils n'ont que fort peu de prise, puisque leurs traitements sont essentiellement orientés vers les conséquences des maladies. Préparés dans les hôpitaux à diagnostiquer et à traiter les maladies graves, les médecins se sentent dépourvus quand ils se retrouvent dans leurs cabinets et sont confrontés à des malaises ou des maladies qui ne menacent pas la vie et qui ne constituent souvent que des avertissements d'un certain mal de vivre ; ils utilisent alors quand même les seules thérapies qu'ils connaissent, même si elles ne sont pas adaptées aux maux qui leur sont soumis.

---

1. *Le Devoir,* 1er février 1990.

Comme ils l'ont démontré à maintes reprises et continuent à en faire la preuve, la majorité des médecins n'entendent pas changer fondamentalement d'orientation et effectivement, pourquoi le feraient-ils, eux qui sont tellement favorisés dans notre société? Si nous voulons pouvoir utiliser leurs services au mieux, il nous faudra apprendre à les considérer comme ce qu'ils sont: des ressources qui peuvent être utiles à l'occasion, surtout lors des accidents ou des maladies graves.

D'autres façons de soigner

Comme l'écrit l'équipe de *L'impatient,* une revue française de santé,

> si l'allopathie est efficace, c'est précisément parce qu'elle est agressive et dangereuse. Le bon sens commanderait dès lors de la réserver aux seuls cas d'urgence et aux maladies graves. Ce n'est pas ce qui se passe. L'allopathie est utilisée systématiquement, à tout propos et hors de propos. À la moindre grippe, on vous bourre d'antibiotiques comme s'il n'existait plus d'autre technique médicale, comme si l'allopathie résumait à elle seule toute la médecine. C'est cette systématisation abusive de l'état d'urgence que nous contestons. L'allopathie n'est qu'une technique parmi d'autres. Il existe d'autres moyens de se soigner: ces fameuses « techniques parallèles » ou « techniques douces » qui ne sont généralement pas de grandes thérapeutiques de prestige, aux résultats spectaculaires: ce sont de petits moyens, adaptés aux petits maux courants de l'existence. Elles n'ont pas l'efficacité de l'allopathie. Elles n'ont pas non plus ses inconvénients[2].

Le Québec a été long à se mettre à l'heure des approches nouvelles; certes nous avions bien quelques guérisseurs et

---

2. « Médecine dure, médecine douce », *L'impatient,* juin 1978.

« ramancheurs » traditionnels et nos grands-mères connaissaient toutes sortes de tisanes pour les divers petits malaises. L'assurance-maladie, qui rendit les consultations médicales gratuites, l'efficacité du Collège des médecins à traîner devant les tribunaux tous les « charlatans », la bonne couverture donnée par les médias d'information à la médecine, les succès spectaculaires de certaines interventions chirurgicales, tout cela et d'autres facteurs sans doute ont contribué à évincer presque totalement les autres façons de traiter. Mais depuis quelques années, nous mettons les bouchées doubles pour rattraper le courant mondial et c'est un véritable foisonnement des voies parallèles que nous observons. Le Collège des médecins est assiégé de toutes parts et n'arrive plus à éteindre tous les « feux » ; même de l'intérieur, de plus en plus de médecins commencent à adopter des approches rejetées par la médecine comme non « scientifiques ».

Pour l'instant, la situation est quelque peu confuse ; dans toutes ces thérapies de remplacement — médecine chinoise, approches corporelles, massages divers, gymnastiques douces, etc. — il se trouve des praticiens sérieux et d'autres qui le sont beaucoup moins. Des personnes qui ont suivi un cours d'une semaine s'affichent comme iridologues, d'autres qui ont participé à une fin de semaine de réflexologie entreprennent des traitements compliqués, etc. ; par ailleurs, des praticiens d'expérience se recyclent depuis des années à une nouvelle technique, d'autres vont suivre un cours de quelques années à l'étranger. Comment voir clair dans tout cela ?

Même s'il est de mode d'afficher un certain préjugé favorable aux médecines de remplacement, il ne faudrait pas accepter n'importe quoi sans évaluation et sans jugement critique. Les gens qui quittent le sorcier-médecin pour le sorcier-acupuncteur n'ont pas accompli un grand progrès. En fait, l'essence des thérapies nouvelles ne se situe pas dans une question de technique, elle relève bien davantage de l'esprit dans lequel se situe le thérapeute ; certains praticiens des médecines dites douces adoptent des comportements qui rendent leur pratique absolument semblable à celle de la médecine allopathique alors que certains médecins réussissent à développer une approche globale et à n'utiliser que rarement les médicaments. Pour être douce, une approche devrait présenter les caractéristiques suivantes :

- elle ne se déroule pas dans un contexte dominant-dominé, c'est-à-dire que le thérapeute n'écrase pas le malade ni ne se substitue à lui, il se met plutôt à sa disposition comme instrument pour l'aider dans sa guérison, il se considère donc comme un conseiller, un guide parmi d'autres ;
- ses praticiens approchent les problèmes à l'aide d'une grille d'analyse reflétant la globalité, ce qui amène à l'examen des piliers de la santé, du travail... ce qui nécessairement suppose un temps suffisant accordé à chaque rencontre ;
- ses pratiques remettent dans la voie de la santé, s'insèrent dans la prévention au lieu de ne chercher qu'à régler le problème présent ;
- ses techniques sont transmissibles de telle sorte que le client les apprend et peut les utiliser lui-même au besoin, sinon en totalité, du moins en partie ;
- si elle n'aide pas, au moins elle ne nuit pas ;
- ses praticiens reconnaissent leurs limites ; ils ne s'acharnent pas à traiter indûment des problèmes qui ne répondent pas à leur approche et ils n'hésitent pas à

conseiller de passer à un autre type de thérapie au besoin.

Il s'avère impossible de dresser une liste d'approches qui distinguerait les recommandables des autres. Chaque personne a des besoins différents de telle sorte qu'une approche qui conviendra parfaitement à certains sera inefficace pour d'autres. D'ailleurs, il n'existe jamais qu'une voie pour arriver à la santé. Le meilleur juge en la matière demeure probablement la personne concernée, qui peut le mieux estimer si l'approche entreprise l'aide ou lui nuit. Dans le cas des praticiens qui abusent de leur situation — en exploitant leurs clients, en leur causant des dommages, en les agressant sexuellement — le problème reste entier; on ne peut demander à une corporation professionnelle ni de s'autopolicer parfaitement ni de surveiller les pratiques des thérapeutes des autres approches, comme c'est le rôle actuellement confié au Collège des médecins. Des mécanismes de contrôle avec la participation des consommateurs devraient être mis sur pied.

En fait, dans toute relation thérapeutique, l'idéal serait d'arriver à une sorte de contrat entre un client autonome et responsable et un thérapeute respectueux.

Le client se caractériserait par les attitudes suivantes:

– à l'écoute de son corps et de ses intuitions;
– conscient de son potentiel;
– curieux, il veut en connaître toujours plus sur lui-même;
– critique, il soumet au jugement du bon sens tout ce qui lui est proposé.

Quant au thérapeute, il devrait tenter de:

– servir de miroir pour que son client s'examine et révise sa façon de vivre;

- faire prendre conscience du corps, de ce qui s'y passe, de ses énergies et des blocages qui peuvent nuire à sa circulation ;
- débusquer les relations internes corps-émotions-esprit et les rapports avec l'environnement ;
- renforcer les processus d'autoguérison en augmentant l'énergie et en faisant tomber les obstacles à sa circulation ;
- développer chez son client l'attitude décrite plus haut.

Il faut bien le constater, la plupart d'entre nous ne sommes pas prêts à ce genre de contrat. Dans notre société de consommation, les clients sont habitués à dépendre des professionnels et ceux-ci ont reçu une formation qui les oriente avant tout vers l'intervention et non vers le respect. Mais petit à petit, les temps changent...

La nécessité de se prendre en charge

Quand nous sommes malades, nous réagissons souvent d'une drôle de façon : il semble que nous perdions toutes nos capacités, toute notre initiative et que nous nous trouvions obligés de nous remettre entre les mains des autres. Il est vrai que certaines maladies nous rendent effectivement faibles et privés d'une partie de nos facultés ; il est vrai aussi que nos habitudes d'enfance viennent renforcer cette façon de réagir, car on nous a appris, durant nos maladies, à nous laisser soigner, à nous abandonner entre les mains de ceux qui nous avaient à charge. Si bien que les adultes qui deviennent malades retournent presque en enfance et à la chaleur maternelle, s'attendant à être soignés, à ce qu'on s'occupe davantage d'eux, à ce qu'on prenne les décisions à leur place, etc.

Même si plusieurs maladies nous rendent plus vulnérables, plus fatigués, plus dépourvus, elles ne nous privent pas de notre capacité de juger et de prendre des décisions. Nous avons vu que les accidents iatrogéniques étaient fréquents ; certains d'entre eux sont absolument imprévisibles — une réaction atypique à un médicament généralement bien toléré, par exemple —, mais dans beaucoup de circonstances, les effets négatifs résultent de facteurs humains qui pourraient être contrôlés.

Les médecins sont des êtres humains comme les autres et eux aussi peuvent être affectés par ce qu'ils ont à vivre. Plusieurs recherches ont d'ailleurs montré qu'à cause du style de vie qu'ils menaient, à cause aussi du type de personnes qui choisissaient cette profession, la proportion de médecins qui tombent dans l'alcoolisme ou la toxicomanie est très élevée, entre 10 et 20 p. 100. Depuis quelques années, certains membres de la profession médicale se préoccupent de ce problème — des centres de traitement spécialisé ont été mis sur pied, par exemple —, mais tous s'accordent à reconnaître que les médecins touchés mettent souvent beaucoup de temps à admettre leur problème et à consulter.

La rémunération à l'acte est un autre facteur qui risque d'influencer les décisions des médecins ; en effet, avec un tel mode de paiement, plus ils voient de malades et plus ils posent d'actes médicaux pour chacun, plus ils sont rémunérés ; ils ont donc tout intérêt à accorder à chaque malade le moins de temps possible puisque de cette façon ils peuvent voir plus de gens ; et surtout, ils ont intérêt à multiplier les actes les mieux rémunérés, ce qu'ils n'ont pas manqué de faire depuis les tout débuts de l'assurance-maladie.

On le voit, il est loin d'être sûr qu'une consultation médicale soit la meilleure chose à faire en cas de maladie.

C'est le message qu'a tenté de faire passer pendant des années le docteur Robert Mendelsohn, un pédiatre américain qui a écrit plusieurs livres pour dénoncer les abus de la médecine. Le docteur Mendelsohn a un langage caustique ; ses dénonciations de la médecine font grincer bien des dents, mais jamais on n'a pu le faire taire, car il s'est toujours appuyé sur des sources d'information absolument incontestables. Comme il l'a dit lui-même, ses recommandations se résument en ces mots : « Évitez votre médecin dans la mesure du possible ». Dans son livre *Des enfants sains... même sans médecin*[3], il écrit :

« Au moins 95 p. 100 des maladies d'enfance guérissent par elles-mêmes sans traitement médical. »

« Le risque d'une intervention médicale maladroite et inutile est trop souvent plus grand que la maladie elle-même » ;

« Les pédiatres passent l'essentiel de leur temps à répondre à l'angoisse des parents. L'enfant a rarement besoin d'un traitement, mais il le subit quand même, avec ses conséquences, simplement parce que la plupart des médecins, au lieu de rassurer les parents d'une manière satisfaisante, trouvent plus rapide et plus facile d'écrire une ordonnance pour l'enfant. »

« Notre Mère Nature, les mères, les grands-mères — et même les pères et les grands-pères — sont préférables aux médecins, car ils ne viennent pas contrarier les capacités d'autoguérison de votre enfant. »

« 90 p. 100 au moins des médicaments prescrits par les pédiatres sont inutiles et font courir un risque aux enfants. Tous les médicaments sont toxiques, donc dangereux par

---

3. Genève, Éditions Soleil, 1987.

nature. De plus, l'utilisation de nombreux médicaments par les enfants les incite à croire qu'il existe une pilule pour tout problème, ce qui, plus tard, peut les amener à rechercher dans les drogues des solutions à leurs problèmes émotionnels. »

« 90 p. 100 au moins des opérations chirurgicales pratiquées sur les enfants sont inutiles, avec les risques inhérents à ce type d'intervention. »

« La plupart des pédiatres, en raison d'une mauvaise formation, ne connaissent rien des effets de l'alimentation sur la santé et connaissent mal les dangers et les effets secondaires des médicaments qu'ils prescrivent. »

« Les parents doivent apprendre à discerner quand ils doivent appeler le médecin et quand ils peuvent laisser faire la nature. »

Les médecins ne sont pas les seuls à commettre des erreurs ou à abuser de la situation de pouvoir dans laquelle ils se trouvent : les autres membres de l'équipe soignante — infirmières, pharmaciens, etc. — sont eux aussi susceptibles d'errer ; beaucoup de praticiens des médecines douces sont également loin d'être irréprochables. *En fait, il n'est jamais recommandable de s'abandonner aveuglément entre les mains de qui que ce soit, quelque diplôme que possède cette personne.*

Quand survient un problème de santé, il serait d'abord nécessaire d'établir une distinction entre, d'une part, les petits problèmes, les malaises, le manque d'énergie — tous ces états qui nous donnent l'impression que nous ne fonctionnons pas au mieux de nos possibilités — et, d'autre part, une maladie franche. Je crois que la majorité des consultations se situent dans le premier groupe et qu'elles bénéficieraient bien davantage de l'aide de conseillers de santé que de thérapeutes; ces conseillers serviraient essentiellement de miroir permettant aux gens d'examiner leur façon de vivre et de trouver des manières de changer ce qui doit y être modifié[4].

Dans la maladie franche — quand, à tort ou à raison, on se sent menacé dans sa vie ou son intégrité —, la situation est bien différente. Il s'agit alors d'un moment crucial où nous sommes confrontés à des questions qui dépassent notre simple quotidien, car nous devons envisager notre propre mort et par le fait même ce qu'a été notre vie. C'est un moment de crise et alors on a envie de se faire prendre en charge, de se permettre un retour à l'enfance, au sein maternel, à un abandon de ses responsabilités. Beaucoup de thérapeutes acceptent de jouer ce rôle qu'on veut leur confier; on fait alors de la maladie un accident, une malchance, une excroissance qu'on fera disparaître si on réussit à trouver la bonne technique qui fera que tout rentre dans l'ordre. La tentation est grande, pour les thérapeutes, d'accepter de prendre en charge les malades; ils y gagnent du pouvoir, une certaine estime d'eux-mêmes (ils font du bien et en reçoivent beaucoup de reconnaissance) et une sécurisation relative à leur propre mort: s'ils peuvent la conjurer (ou tout au moins avoir l'impression qu'ils le font) chez les autres, ils y parviendront aussi pour eux-mêmes; et la plupart du temps ils sont rémunérés pour leur action.

Mais attention, tout n'est pas noir ou blanc: la consultation d'un thérapeute peut présenter des avantages. Que peut y gagner le malade? Dans certaines conditions, ni

---

4. J'ai amplement développé ce concept de « conseiller de santé » dans *Pour une nouvelle médecine,* Montréal, Québec/Amérique, 1986.

plus ni moins que la survie : en cas d'accident grave ou de maladie suraiguë, l'intervention thérapeutique peut sauver la vie en donnant à l'organisme le temps de prendre la relève et de mettre en marche ses mécanismes d'autoréparation. Dans certains cas aussi, les connaissances du thérapeute permettront de raccourcir le processus thérapeutique en évitant les tâtonnements ; le fait qu'il ne soit pas directement concerné lui donne également une certaine objectivité qui peut lui permettre une vision plus globale de la situation. Et en général, quand il est bien choisi, le thérapeute manifeste une empathie qui constitue certainement un réconfort précieux, en même temps qu'une source de confiance fort nécessaire quand on veut guérir.

Il serait souhaitable que chacun, dans une maladie, devienne l'ingénieur en chef, le maître d'œuvre de sa guérison et qu'il demeure un individu, une personne, au lieu de se transformer en objet ou en numéro dont on s'occupe tant bien que mal. La recherche du thérapeute parfait que tellement de gens souhaitent trouver risque toujours d'être décevante. Certes le médecin ou une autre personne consultée peut fournir une certaine aide ; mais aussi bon soit-il, il ne peut jamais nous connaître aussi bien que nous ni prendre les décisions qu'il faut à notre place. Quand nous avons devant nous un médecin bien imparfait et que nous le savons, nous nous permettons d'examiner avec un esprit critique ce qu'il nous conseille et nous en prenons et en laissons ; si par contre nous étions en présence d'un médecin qui semble absolument parfait, nous n'hésiterions pas à suivre à la lettre ses recommandations... et c'est là que nous pourrions faire erreur, car même le médecin le mieux intentionné peut se tromper (et ne peut faire autrement, à l'occasion).

Devenir des consommateurs avertis

Pour arriver à discerner à quel moment faire appel aux services disponibles, pour réussir à en tirer le meilleur parti possible, pour provoquer leur transformation ou la création de nouvelles ressources qui répondent mieux à nos besoins, je crois qu'il est nécessaire que nous nous engagions bien davantage et que nous agissions concrètement dès maintenant, sans attendre d'être aux prises avec un problème précis pour le faire. Chacun pourrait entreprendre quatre types d'action : s'informer, faire respecter ses droits, utiliser à plein les structures de participation accessibles et se regrouper.

S'informer : la maladie est une façon pour notre corps de demander qu'on s'occupe de lui ; il faut apprendre à nous écouter, à nous analyser, à reconnaître les avertissements que manifeste notre corps. La connaissance du fonctionnement de l'organisme humain, de ses besoins, des moyens appropriés pour le garder en santé et pour le soigner au besoin est donc essentiel. Quand survient la maladie, la compréhension des phénomènes en jeu peut aider à prendre les meilleures décisions et à choisir parmi les voies offertes. Sans être médecin, Norman Cousins, l'auteur de *La volonté de guérir*[5], a pu trouver des moyens efficaces pour lutter contre sa maladie jugée incurable par la médecine.

Dans nombre de foyers, on trouve une encyclopédie médicale ; cette source d'information peut être utile à l'occasion — en particulier pour arriver à comprendre le langage des médecins ; mais en règle générale, on n'y trouve que des notions sommaires fort traditionnelles. Je crois que la plupart des gens tireraient un plus grand profit de

---

5. Paris, Éditions du Seuil, 1979.

la consultation d'ouvrages provenant de diverses écoles thérapeutiques, notamment des auteurs qui explorent les méthodes plus naturelles de traitement; cela devrait en effet permettre d'acquérir peu à peu des connaissances précieuses, fournir l'occasion de réfléchir sur la santé et contribuer à développer un sens critique fort nécessaire.

Dans notre société où la voie royale du traitement est le recours aux médicaments, des ouvrages comme le *Nouveau dictionnaire des médicaments*[6], le *Dictionnaire pratique des médecines douces*[7] et le *Dictionnaire des remèdes naturels*[8] peuvent rendre de grands services.

Se faire respecter: il y a quelques années, l'Association québécoise pour la promotion de la santé a rendu publique une liste des droits qu'un malade devrait pouvoir faire respecter:

– le droit à l'information;

– le droit de refuser son consentement à des examens ou traitements;

– le droit à la confidentialité et à l'intimité;

– le droit de refuser d'être utilisé pour l'enseignement ou dans des expériences;

– le droit d'être traité dans les urgences;

– le droit de quitter l'hôpital ou le bureau du médecin;

– le droit à un traitement de qualité;

---

6. Serge Mongeau et Marie Claude Roy, Montréal, Québec/Amérique, 1988.

7. En collaboration, Montréal, Québec/Amérique, 1981.

8. Mark Bricklin, Montréal, Québec/Amérique, 1985.

– le droit de changer de médecin;

– le droit de connaître la rémunération du médecin pour l'acte qu'il veut poser.

J'ajouterais certainement le droit de choisir une autre forme de traitement. La simple énumération de ces droits fait voir clairement que dans cette optique, le malade se transforme en agent actif de son traitement, au lieu d'être un objet passif. Ces droits constituent un minimum sur lequel s'appuyer. Pour se faire respecter, il est nécessaire de perdre cette attitude de « patients » qui acceptent d'endurer à peu près n'importe quoi et il faut interroger ses soignants, demander des éclaircissements, ne pas hésiter à remettre en question leurs conseils (ou plus souvent leurs décisions) et au besoin aller jusqu'à les contester. Ce petit entrefilet, qui a paru dans le *Medical Post* du 28 mai 1985, démontre avec éloquence la pertinence du « doute systématique » devant les recommandations médicales:

> D'après un rapport du comité spécial du Sénat des États-Unis sur le vieillissement, plus de 1,2 milliards de dollars par année pourraient être élagués des dépenses de *Medicare* aux États-Unis s'il devenait obligatoire de demander une seconde opinion avant de procéder à une intervention chirurgicale.
>
> L'étude affirme que dans dix États où une seconde opinion est exigée avant d'effectuer un paiement, l'incidence des interventions chirurgicales a considérablement baissé.
>
> L'étude montre que jusqu'à 33 % des implantations de pacemaker financées par Medicare ne sont pas nécessaires, de même que 36 % des opérations pour cataracte, 31 % des interventions sur la vésicule biliaire, 29 % des chirurgies prostatiques, 39 % des chirurgies du genou, 45 % des hystérectomies, 36 % des opérations au dos, 28 % des réparations de hernie et 43 % des hémorroïdectomies.

Que voilà des chiffres impressionnants ! Qu'ils décrivent la situation des États-Unis ne rassure pas, car comme on le répète souvent, la pratique de la médecine ici est absolument superposable à celle d'outre-frontière. Nos spécialistes reçoivent la même formation (la plupart de nos « éminences » ont d'ailleurs été formées aux États-Unis), lisent les mêmes livres et revues et pratiquent en fin de compte le même type de médecine.

On ne peut mentionner de droits sans prévoir des moyens de les faire respecter. Pour les personnes qui sont victimes d'une négligence professionnelle, d'une agression sexuelle ou d'un autre manquement grave de leur thérapeute, des recours sont possibles. Quand le traitement a été donné dans un établissement public, il est possible d'y formuler une plainte ; des hôpitaux et des centres d'accueil ont même nommé une personne spécialement chargée de recevoir ces plaintes. Il est aussi possible de s'adresser à la corporation professionnelle à laquelle appartient le thérapeute en cause ; il faut cependant dire que les comités de plaintes des corporations ont souvent tendance à manifester une certaine complaisance envers leurs membres. Enfin restent les tribunaux ; depuis quelques années, c'est en nombre croissant que les citoyens y ont recours.

Divers facteurs expliquent l'augmentation du nombre des poursuites devant les tribunaux. L'un d'eux est certainement l'ampleur qu'a pris ce phénomène aux États-Unis et la publicité que les médias lui accordent. Chez nos voisins du Sud, cette vogue tient en grande partie à l'intérêt qu'y trouvent les avocats, dont certains cherchent à exploiter à fond ce filon fort lucratif pour eux. De plus, la surenchère dans les montants réclamés des médecins semble être perçue par certains comme un moyen plus facile que la loterie d'accéder à la fortune. On le voit, il y a donc des abus possibles. Par ailleurs, la multiplication de ce type de causes expose au grand jour diverses erreurs ou incompétences qui auparavant demeuraient cachées ; le mythe du « professionnalisme » inattaquable des médecins a volé en éclats et les gens sont donc un peu plus sur leurs gardes. Ils s'enquièrent davantage des conséquences possibles et des solutions de remplacement avant les interventions médicales ; et après, quand les promesses ne sont pas remplies, plus de gens cherchent à savoir pourquoi et, dans certains cas, à en imputer la responsabilité à qui de droit.

Je me sens ambivalent devant ce phénomène des poursuites pour négligence. D'une part, la démystification des médecins qu'il indique et intensifie me semble un élément positif ; d'autre part, il est déplorable que nous en soyons réduits à ce procédé pour tenter d'obtenir de bons services ; et jamais aucun montant d'argent ne pourra compenser totalement des pertes de fonction ou des décès. De plus, devant la menace d'éventuelles poursuites, les médecins ont de plus en plus tendance à pratiquer une médecine dite « défensive » : ils se protègent en multipliant les analyses de laboratoire, les radiographies, les consultations... afin qu'on ne puisse leur reprocher d'être passés à côté d'un diagnostic ou d'avoir procédé trop hâtivement. Mais cela n'aide pas à améliorer leur approche, au contraire même puisque cela risque d'accentuer ses travers principaux, entre autres la confiance exagérée accordée à la technologie.

L'erreur est humaine et il s'en produira toujours, quelles que soient les précautions que nous prenions et quelle que soit la compétence de nos thérapeutes. La sagesse serait de prendre toutes les mesures pour empêcher celles qui sont évitables et pour le reste, d'accepter les limites de notre nature. Une chose est certaine : ce n'est pas en continuant dans cette voie d'affrontement qu'on parviendra à une amélioration sensible de la qualité des traitements ; c'est pourtant ce qui risque d'arriver si la médecine actuelle se renforce, avec ses spécialistes de plus en plus « savants », mais aussi de plus en plus loin de leurs malades.

S'engager : dans le but d'améliorer les ressources qui nous sont offertes en cas de maladie, il serait important que le plus grand nombre de consommateurs possible s'engagent dans les divers organismes du réseau de services publics soit en utilisant les mécanismes individuels de plaintes qui sont déjà sur pied, soit en participant aux conseils d'administration ou autres comités qui sollicitent la présence d'usagers ou de bénéficiaires.

Se regrouper : il ne faut pas se faire d'illusions : si l'on veut arriver à des résultats significatifs durables, il est nécessaire de se regrouper pour se renforcer, comme le constate une équipe de soignants et d'usagers : « Isolé devant de grosses institutions bien structurées ou face à des professionnels solidaires les uns des autres, le simple usager ne peut espérer être écouté. À moins qu'il développe lui aussi un pouvoir : et c'est en se regroupant qu'il peut faire face à tout l'appareil technocratique qu'il doit affronter[9]. »

Les réclamations individuelles risquent vite d'être étouffées si elles ne se multiplient pas rapidement et si elles ne sont pas appuyées par des groupes structurés. Certains regroupements de personnes intéressées à se prendre en charge (individuellement ou collectivement) existent déjà ; il en faudrait bien davantage et aux quatre coins du Québec. Ces associations permettent le partage des connaissances entre les membres, la diffusion d'information au public, la surveillance des services, etc.

---

9. « Pouvoir... dans nos institutions », *CLSC Santé*, juin 1979, p. 8.

Mobiliser toutes ses ressources

Notre esprit — notre pouvoir mental — n'influence pas seulement le développement des maladies, mais aussi la guérison. À ce sujet, nous aurions tous des histoires à raconter. Combien de fois, par exemple, nous entendons dire d'un vieillard qu'il s'est laissé mourir ou qu'à l'inverse, une guérison spectaculaire est survenue parce que l'individu touché par une maladie très grave avait une volonté suprême de vivre ! Bien souvent, les gens vont attribuer cette guérison à la thérapie qu'ils suivent ou au thérapeute qui s'occupe d'eux ; en fait, c'est plus probablement leur propre volonté de guérir qui a fait le travail. Un chercheur américain, Jerome D. Frank, rapporte une histoire intéressante à ce sujet. Un médecin soignait trois patientes dans la soixantaine. Les trois étaient hospitalisées et ne répondaient plus au traitement médical. Il songea à contacter un guérisseur qui disait agir à distance en pensant intensément à ses clients. Au bout de 12 sessions, aucun changement n'avait eu lieu. Il décida alors de procéder autrement. Il dit à ses patientes que pendant trois jours, un guérisseur, dont il parla en termes élogieux, allait penser à elles alors que ce n'était pas vrai. Une des trois patientes est sortie du lit dès la prétendue première session, les trois femmes ont tout de suite senti une diminution des symptômes et elles ont toutes été capables de quitter l'hôpital en dedans d'une semaine. Une des trois a repris une quinzaine de kilos en peu de temps. Une autre qui souffrait d'un cancer de l'utérus non opérable, d'enflure des jambes et d'anémie a réglé très rapidement les deux derniers problèmes et a pu fonctionner normalement jusqu'à sa mort survenue

10. Jerome D. Frank, « The Medical Power of Faith », *Human Nature,* août 1978, p. 45.

plusieurs mois plus tard[10]. Pour Frank, cela peut être considéré comme une preuve que la foi en une guérison peut être bénéfique même si objectivement, elle n'est pas justifiable; en fait, la confiance dans le traitement aide à mobiliser les ressources de la personne.

Quand on fait des études sur l'efficacité d'un nouveau médicament, on doit le comparer à un autre qui ne contient aucun principe actif. Or la plupart du temps, les deux ont un certain degré d'efficacité et parfois, la différence dans les résultats obtenus entre le vrai et le faux n'est pas très grande. Cela ne veut pas dire nécessairement que le vrai médicament n'est pas bon, mais que chaque médicament qui existe a une action psychologique, ce qu'on nomme l'effet *placebo*. Le simple fait de prendre un médicament auquel il a confiance permet au patient de guérir plus facilement avant même que la substance chimique n'ait eu le temps d'agir. Le même phénomène se produit avec les interventions chirurgicales. Par exemple, dans le cas de la chirurgie cardiaque, on a fait l'expérience suivante. Avec une méthode utilisée pour traiter l'angine de poitrine, environ 40 p. 100 des patients notaient une diminution importante de leurs symptômes. Pour vérifier l'importance des facteurs psychologiques probables présents dans ces résultats, on a réalisé une fausse opération, c'est-à-dire que le chirurgien s'est contenté de couper la peau et de la recoudre sans faire la moindre intervention sur le cœur lui-même. Eh bien, les symptômes ont été éliminés aussi bien que lors d'une véritable opération!

La confiance qu'accorde le malade à son thérapeute est certainement un élément important de tout effet thérapeutique. Plus on attribue de pouvoir au thérapeute, plus grand devrait être son effet. N'y aurait-il pas moyen d'arriver exactement au même résultat sans thérapeute extérieur, à partir de ses propres forces? Voilà certainement une voie intéressante à analyser; d'ailleurs, la vague de l'autosanté a déjà commencé à explorer cette voie et à expérimenter des méthodes concrètes, par exemple la visualisation. À propos de cette technique, je me permets de souligner un petit livre fort intéressant intitulé *Guide pratique d'autoguérison*, par E. H. Shattock[11]. Partant de l'hypothèse que nombre de fonctions biologiques qui échappent aujourd'hui à notre volonté consciente furent naguère contrôlées volontairement, l'auteur a développé une méthode pour rétablir à nouveau le contact avec les cellules et parvenir à orienter leur action; de cette façon, il serait possible de combattre de l'intérieur diverses perturbations de l'organisme et d'arriver à provoquer ou tout au moins à hâter la guérison.

La volonté de guérir est un facteur primordial de toute tentative de vaincre la maladie. Cette volonté ne s'exprime pas simplement par l'affirmation de sa détermination à vivre ou par la consultation des meilleurs spécialistes; il est nécessaire d'accepter les remises en question qu'exige son état et de prendre les mesures qui peuvent s'imposer. La maladie apparaît alors comme une pause dans la vie, une occasion de faire le point. Certaines techniques peuvent favoriser cette introspection, comme la méditation ou les thérapies corporelles.

Dans la plupart des cas, quand survient un malaise, il suffit d'attendre pour permettre à l'organisme de s'autoguérir; le repos — du corps, du système digestif, de l'esprit, des émotions — offre souvent bien davantage que n'importe quelle mesure thérapeutique, surtout qu'on oublie trop fréquemment le principe fondamental « D'abord ne pas nuire ». Si

11. Montréal, Québec/Amérique, 1986.

cette simple mesure ne réussit pas, si le mal s'aggrave, il est toujours temps de voir un thérapeute.

La maladie et ce qu'elle traduit ne peuvent être vraiment vaincus uniquement par des thérapeutiques externes ; les médicaments, la chirurgie ou tout autre soutien aux défenses internes peuvent être utiles ; mais ils ne font pas tout. Trop souvent même ils taxent lourdement l'organisme et diminuent sa capacité d'utiliser ses propres ressources pour lutter.

La distinction entre les mesures qui aident et celles qui nuisent dans une situation donnée est loin d'être facile à établir. Sauf quelques traitements médicaux d'urgence dont personne ne conteste le bien-fondé, la plupart des thérapeutiques médicales et autres sont *électives,* c'est-à-dire qu'on choisit de les entreprendre parce qu'on estime qu'elles ont des chances d'aider. Si vous souffrez d'un vague mal de ventre, allez voir trois médecins différents et ils poseront probablement des diagnostics différents tout en vous recommandant des traitements aussi différents. Ce qui, dans quelque maladie que ce soit, peut parfaitement convenir à l'un s'avérera délétère à l'autre ; l'art de la thérapeutique consiste justement à trouver ce qui peut le mieux contribuer à la guérison de chaque malade. Les thérapeutes qui réussissent sont ceux qui écoutent leurs malades car en dernière analyse, c'est toujours le malade lui-même qui est le mieux en mesure de savoir ce qui lui convient, quels effets résultent du traitement, comment il se sent, dans quelle direction il faut aller. Les médecins et autres thérapeutes qui ne considèrent pas l'individu malade en même temps que la maladie oublient que leur rôle principal est d'utiliser leurs connaissances et leurs habiletés afin de stimuler une guérison dont l'individu touché est responsable.

CHAPITRE 11

Prendre le virage de la santé

LA PLUPART des gens voient dans la santé une sorte de bien inaliénable, un droit absolu. Or dans les faits, il s'agit d'un équilibre qui dépend en grande partie des rapports sociaux. La santé n'est pas à l'abri des luttes sociales, de telle sorte que même les activités prétendument orientées vers la santé sont souvent déviées vers d'autres fins. Il y a des gens qui, tirant profit de l'intérêt que portent beaucoup de personnes à leur santé, sont prêts à vendre n'importe quoi pour s'enrichir rapidement, même si la santé de leurs clients peut en souffrir. Certains professionnels utilisent leur situation privilégiée pour faire progresser leur idéologie même au détriment de l'équilibre de leurs malades. Il faut aussi reconnaître qu'il ne peut y avoir de consensus total sur ce qui convient pour la santé, puisque les conceptions qu'on s'en fait diffèrent fréquemment. *Il est donc illusoire d'espérer que la santé nous vienne d'en haut et d'attendre que les gouvernements, les professionnels ou les commerçants nous l'offrent sur un plateau d'argent.*

Il n'existe pas de chemin unique pour arriver à la santé ; les gens qui recherchent les recettes ou les solutions toutes faites sont vite déçus. C'est à chacun de prendre sa décision et d'entreprendre les actions qui peuvent le mener à la santé ou l'y maintenir. Et il importe de ne pas s'illusionner ; dans notre monde moderne, ne rien faire pour sa santé, ne pas s'en préoccuper, c'est courir un très grand risque de la perdre, car tout nous incite à la facilité et à la consommation ; « une fois qu'un degré de richesse raisonnable a été atteint, une augmentation supplémentaire n'apporte pas une santé meilleure ou plus de bonheur », écrit René Dubos[1], au contraire même, si l'on en juge d'après l'incidence des maladies dites de civilisation. Pour être en santé aujourd'hui, il devient nécessaire d'aller à contre-courant et de refuser certains des « progrès » qui s'offrent à nous, mais qui ne nous font pas vraiment avancer.

Nous avons vu, dans les premiers chapitres, l'importance des cinq piliers de la santé — l'alimentation, l'activité physique, la lutte contre le stress, l'environnement et le bonheur. Ce sont ces piliers qu'il s'agit de renforcer pour arriver à la santé. Chaque fois que nous avons à prendre des décisions — individuelles ou collectives — nous devrions y introduire la préoccupation de leurs conséquences pour la santé. Dans nos pays occidentaux, nous avons dépassé l'étape de la survie et nous pouvons chercher à développer la qualité de la vie ; d'ailleurs, les actions en ce sens ne se font pas au détriment des nations moins riches, bien au contraire : l'équilibre de la planète passe par une diminution de la consommation dans les pays occidentaux, et cette baisse de consommation est justement une des clés de notre santé.

Comme nous n'en sommes pas tous au même point dans notre prise de conscience de l'importance de la santé

---

1. *Les célébrations de la vie*, Paris, Stock, 1982, p. 349.

et des divers facteurs qui peuvent l'altérer, tous ne sont pas d'accord pour accorder la priorité aux actions susceptibles d'améliorer la situation, de telle sorte qu'il est souvent difficile de convaincre assez de gens pour entreprendre des actions collectives pourtant nécessaires. Dans ces circonstances, beaucoup de gens préfèrent adopter des mesures individuelles qui leur permettent d'éviter les risques qu'ils ont constatés ; on peut boire de l'eau embouteillée quand on craint la mauvaise qualité de l'eau fournie par l'aqueduc municipal, on peut parfois déménager pour fuir les odeurs incommodes... Ceux qui en ont les moyens peuvent souvent tirer leur épingle du jeu ; mais comme nous le démontre le problème des pluies acides et des autres formes de pollution de l'air, nous risquons toujours d'être rejoints. Certes, il est des gestes qui relèvent de la volonté individuelle et qui ne pourront jamais être assumés par la collectivité : quand je décide de bouger et d'avoir une activité physique, personne ne peut prendre la décision à ma place ; mais mon action sera plus facile si elle s'inscrit dans un courant, si d'autres aussi l'entreprennent et si la collectivité m'offre des équipements qui me facilitent diverses activités. De plus, il est important de comprendre que bon nombre des problèmes de santé viennent justement de cet individualisme qui caractérise notre société.

La solidarité dans la santé

Les solutions individuelles permettent, au mieux, de s'éviter certains problèmes ; elles ont peu d'influence sur l'itinéraire de la société ; or c'est à ce niveau qu'il importe souvent d'agir. Que me sert d'être en bonne forme physique si l'an prochain, un accident nucléaire provoque sur ma ville une pluie de radiations ? À quoi mènent mes efforts pour mieux m'alimenter si les seuls aliments disponibles sont farcis d'insecticides, d'hormones et d'autres résidus indésirables ? Pour arriver à des résultats durables et valables, il est essentiel que les prises de conscience individuelles s'étendent et en rejoignent d'autres pour que des mesures d'ensemble efficaces puissent être prises.

Les actions collectives sont nécessaires à deux titres : pour nous donner à court terme les moyens d'accéder à une meilleure santé et pour nous fournir, à long terme, des instruments nous permettant d'infléchir les orientations sociales.

Des moyens d'accès à la santé : déjà le fait d'œuvrer avec d'autres, d'avoir l'occasion de développer des liens d'amitié, de se sentir solidaires constitue une mesure contre cet isolement à l'origine de tellement de déséquilibres. Nous sommes des êtres essentiellement sociables et nous avons besoin de rapports humains intenses.

Sans le soutien d'un groupe, beaucoup d'actions sont très difficiles, voire impossibles. Les centres de recyclage, le reboisement des rives de certains lacs et autres actions écologiques ne peuvent se faire que collectivement. La pratique de certains sports requiert des équipements collectifs... et des partenaires de jeu. Dans une société de consommation de masse, il est également important de ne pas se sentir seul dans ses efforts pour adopter des comportements qui refusent la facilité.

Des instruments de pression : le vaste domaine de la santé, qu'il s'agisse de l'alimentation, de l'environnement ou de toute autre activité y exerçant une influence, ou qu'il soit question des soins de type curatif ou préventif, subit les mêmes tiraillements que le reste de la société : chacun tente d'en retirer le plus grand profit (monétaire ou autre), chacun essaie d'en obtenir la plus grande satisfaction. Pour réussir à faire progresser leur point de vue, ceux qui se préoccupent de la santé globale devront être capables de développer des groupes de pression qui sauront rallier l'opinion publique et gagner à leur cause les autorités. Les diverses associations de consommateurs, par exemple, ont pu dénoncer maintes pratiques frauduleuses, exiger des lois plus fermes et faire appliquer des contrôles plus stricts dans la consommation. On trouve au Québec un certain nombre de regroupements et d'associations qui dans divers domaines touchant la santé de près ou de loin fournissent à leurs membres des moyens de se prendre en charge et qui tentent de représenter les intérêts collectifs. Il en faudrait encore davantage pour accélérer ces changements qui s'imposent. Les centres de santé des femmes ont accompli un travail exemplaire dans ce domaine ; le manque de financement des dernières années les empêche de jouer pleinement leur rôle, quand il n'a pas tout simplement amené leur disparition.

J'ai un bon ami qui s'intéresse à la santé depuis nombre d'années. Lui-même a connu de sérieux problèmes de santé et a expérimenté diverses voies thérapeutiques, de la chirurgie jusqu'au jeûne intégral, en passant par maintes autres approches. Il a fait diverses tentatives de sensibilisation à l'autosanté. Il estime le moment venu de mettre sur pied, au Québec, un réseau de « clubs d'entraide et d'autonomie en santé intégrale ». Comme il le dit, « ces clubs pourraient être des milieux d'échange, de sensibilisation et de partage d'expériences pour les participants ». Je trouve cette idée bien stimulante. L'autosanté, contrairement à ce que son nom pourrait laisser penser, n'est pas un geste individuel et qui isole, au contraire. En effet, la prise en charge de sa propre santé n'est possible qu'avec le soutien des autres. Nous avons besoin, dans la maladie, de l'aide et de la sympathie des autres. Nous requérons surtout, dans la recherche de la santé, la collaboration de ceux qui nous entourent ; si nous voulons nous donner des moyens concrets de mieux manger, de faire travailler notre corps, de nous amuser sainement et de nous épanouir, nous devons le faire avec d'autres. Si nous constatons que des changements s'imposent dans nos façons de vivre collectives, il est nécessaire de pouvoir s'unir pour provoquer ces changements. Ce faisant, même si nous n'atteignons jamais les objectifs poursuivis, nous améliorons déjà notre santé. Car le processus de s'unir, de s'engager avec d'autres et d'ainsi donner un sens à sa vie est peut-être plus important que les résultats qui peuvent découler des actions entreprises.

Changer la vie

Dans notre société opulente, les besoins fondamentaux de la majorité sont satisfaits et pourtant bon nombre de personnes ne trouvent ni le bonheur ni la santé, l'un et l'autre s'influençant d'ailleurs mutuellement. Bien des gens estiment que globalement, nous faisons fausse route et qu'il faudrait apporter des changements majeurs à nos façons de vivre et à notre organisation sociale.

La société n'est pas une créature autonome qui aurait sa vie propre ; nous faisons partie de la société, nous en sommes chacun un des constituants et quand nous changeons, nous provoquons une certaine évolution du tout social, surtout quand nous prenons soin de bien nous insérer dans notre milieu et de faire état de nos préoccupations. D'ailleurs, de nombreux indices laissent voir qu'une remise en question profonde de nos orientations sociales est en voie de se faire ; par exemple, le foisonnement des regroupements dans tous les domaines montre bien qu'il y a beaucoup de gens qui refusent de continuer dans la voie actuelle. Et comme on le dit de plus en plus souvent, dans cette période de remise en question, *il faut choisir entre continuer à être partie du problème ou devenir partie de la solution.*

Il importe de réaliser que les changements nécessaires sont de grande envergure ; il ne s'agit pas uniquement de développer de meilleurs transports en commun, de multiplier les jardins communautaires ou de diminuer le stress au travail pour arriver à nous doter des conditions qui favorisent davantage la santé ; ces actions, sûrement importantes, prendront tout leur sens et s'accompagneront des autres qui sont nécessaires quand nous changerons nos valeurs.

René Dubos écrivait, aux derniers jours de sa vie :

> Il flotte dans l'air un je ne sais quoi nous avertissant que l'événement marquant des décennies passées est simplement d'avoir fait plus grand et plus vite, que ce n'est pas un véritable acquis de civilisation et que cela pourrait même devenir une horreur si nous continuions de nous surdévelopper du point de vue technologique. Nous en sommes venus aussi à comprendre que, puisque les activités humaines sont maintenant tellement étendues, intensifiées et diversifiées, des désastres sur une échelle immense surviendraient sûrement dans les temps à venir si les sociétés industrielles continuaient à se conduire comme elles l'ont fait au cours du siècle dernier[2].

Effectivement, il est grand temps de se poser des questions. Pourquoi produire ? Pourquoi produire tant ? Faut-il continuer cette course effrénée au « progrès » ? Depuis le début de l'ère industrielle et du capitalisme, nous avons augmenté la production, nous avons accumulé les biens, nous avons multiplié les consommations. Nous en sommes venus à établir une équivalence entre l'avoir et le bonheur ; et nous en avons oublié de vivre.

---

2. *Op. cit.*, p. 316.

Le capitalisme a transformé les structures sociales, en particulier sur le plan du travail. Alors qu'auparavant les gens étaient paysans, artisans ou petits commerçants, aujourd'hui la majorité de la population est salariée. Nous travaillons pour gagner notre vie ; mais en même temps, nous cherchons autre chose dans le travail qu'un revenu qui nous permette de vivre. Pour nous épanouir pleinement, nous n'avons pas que des besoins matériels que le revenu fourni par notre travail pourrait combler : nous avons besoin d'accomplir quelque chose que nous estimons utile pour la société et qui sera apprécié comme tel. Dans certains cas, le travail permet de combler ces deux types de besoins — matériels et sociaux —, mais la plupart du temps, il n'en est rien.

À notre époque où les valeurs matérielles ont acquis une telle importance, comme tout est mesuré à l'aune de l'argent, on en est venu à confondre rémunération et appréciation, si bien que les tâches ou les actes qui ne sont pas rémunérés (ou qui le sont mal) sont dévalorisés, sont dépréciés. Le travail des femmes au foyer, le bénévolat, la création artistique deviennent alors des activités mineures et passagères auxquelles on se consacre tant qu'on ne peut faire autrement, mais dont on tente de s'éloigner dès que possible pour avoir l'impression de participer pleinement à la vie de la société. Bien sûr, il ne faut pas négliger l'importance de l'indépendance financière que confère un salaire ; évidemment, notre société n'estime pas à la même échelle toutes les contributions de ses membres et les gens qui n'occupent pas un emploi sont pénalisés en étant réduits au strict minimum ; certainement, le travail dans un lieu organisé permet des contacts et des échanges avec d'autres ; il n'en reste pas moins que nous pourrions répondre à ces besoins fondamentaux autrement que par le travail, si nous le voulions. *Car nous sommes devenus tellement productifs que nous n'avons plus besoin de tous travailler ou de travailler autant.* Voici ce qu'écrit André Gorz à ce sujet :

> comme l'économiste britannique Ezra Mishan a été le premier à le montrer, la production a déjà dépassé le niveau où elle était socialement utile et économiquement efficace. Dans une majorité de domaines (transports, médicaments, alimentation, équipement ménager, etc.), la croissance du volume des produits offerts sert non plus à mieux satisfaire les besoins à un coût décroissant pour l'utilisateur mais à imposer à celui-ci des dépenses croissantes pour un niveau de satisfaction qui tend à diminuer. D'où cette vérité bien connue des mouvements de consommateurs et d'une partie du mouvement ouvrier : on peut produire plus et mieux en travaillant moins ; on peut mieux satisfaire tous les besoins avec une production moindre[3].

Ceux qui tirent profit de la situation actuelle ne l'entendent sûrement pas ainsi et ils ont intérêt à ce que nous continuions à accorder la première importance au travail ; d'une part, les gens tentent d'oublier les frustrations engendrées par leur travail en consommant toujours plus, ce qui permet aux industries de tourner à plein ; d'autre part, la dévalorisation du non-travail fait augmenter le nombre de ceux qui veulent et doivent travailler et permet de maintenir à un niveau utile le chômage, qui constitue alors « une arme pour rétablir l'obéissance et la discipline dans les entreprises[4] ».

La définition des nouvelles valeurs compatibles avec notre plein épanouissement passe par la remise en question de nos activités productives, mais aussi de nos consom-

---

3. André Gorz, *Adieux au prolétariat,* Paris, Éditions Galilée, 1980, p. 204.

4. *Ibid.*

mations, comme nous avons pu le constater à maintes reprises. Il n'y a pas de limite naturelle à la consommation moderne, si bien que dès qu'un « besoin » est satisfait, il s'en présente toujours d'autres ; mais cette fuite en avant n'apporte jamais le bonheur ni la santé, au contraire même. La santé se trouve beaucoup plus du côté de l'austérité que de l'abondance ; quant au bonheur, il découle davantage de l'être, de l'accomplissement total que de l'accumulation de biens.

Même si nous vivons dans une période troublée qui se traduit par des crises à divers plans — l'économie, les valeurs, les générations, etc. — nous avons tout de même la chance, pour la première fois dans l'histoire humaine, de posséder collectivement les moyens d'assurer à tous les êtres humains le minimum vital ; et si nous le voulons vraiment, nous pouvons nous donner les conditions pour vivre en santé.

ANNEXE I

Où s'approvisionner en fruits et légumes biologiques[1]

AU QUÉBEC, il existe deux grands distributeurs de fruits et de légumes cultivés de façon biologique : *Distribue-Vie,* (514) 598-1322, et *Terra-Terre,* (514) 389-0182. C'est avec eux qu'il faut communiquer pour connaître le nom et l'adresse du magasin de votre quartier ou de votre région qui vend des produits « biologiques ».

Si vous désirez connaître le nom des producteurs « biologiques » de votre région, vous pouvez contacter un des douze agronomes ou techniciens agricoles à l'emploi du ministère de l'Agriculture du Québec, qui agissent comme répondants régionaux en agriculture biologique :

Bas-Saint-Laurent/Gaspésie/Îles-de-la-Madeleine : Marcel Michaud, (418) 722-3615 ;

Québec : Marcel Roy, (418) 832-2977 ;

Beauce/Appalaches : André Carrier, (418) 397-6825 ;

Bois-Francs : Véronique Poulin, (819) 298-2028 ;

---

1. Source : *Guide Ressources,* octobre 1994

Estrie : Danielle Brault, (514) 375-3443 ;

Richelieu/Saint-Hyacinthe : Jean Larose, (514) 460-4447 ;

Sud-Ouest Montréal : Christine Villeneuve, (514) 454-3904 ;

Outaouais/Laurentides : Hélène Boisvert, (819) 988-8541 ;

Abitibi/Témiscamingue : André Langlois, (819) 764-3287 ;

Nord de Montréal : Yves Lauzon, (514) 589-5781 ;

Mauricie : Pierrot Ferland, (819) 371-6761 ;

Saguenay/Lac-Saint-Jean/Côte-Nord : Rémy Fortin, (418) 662-6486.

ANNEXE II

Un programme marche-course[1]

CETTE ACTIVITÉ ne requiert pour son exécution qu'une bonne paire de souliers de course et de la détermination. À propos de souliers, il en existe bien des sortes et à des prix très variables ; il n'est pas nécessaire de choisir un modèle perfectionné et coûteux. Pour 30 ou 40 dollars, on peut trouver d'excellents souliers d'entraînement qui devraient répondre aux critères suivants :

– bien tenir le pied ;

– avoir une semelle assez souple ;

– posséder un talon qui absorbe bien le choc ;

– avoir un dessus en matériau qui « respire », comme le cuir, la toile ou le nylon ajouré.

Il faut acheter un soulier d'une pointure plus grande que les souliers ordinaires, car les pieds enflent pendant la

1. Inspiré de *The Running Book,* publié par les rédacteurs du *Consumer Guide,* Warner Books, 1978.

course. Les ampoules aux pieds et les douleurs sont souvent une indication d'un mauvais ajustement des souliers.

Ce programme est divisé en trois niveaux et chaque niveau comporte six étapes ; vous passez de l'une à l'autre quand vous sentez que vous maîtrisez bien une étape. Mais ne vous pressez pas et accordez à chacune *au moins une semaine.*

1er niveau : le début du programme

Ce niveau est conçu pour les gens qui n'ont pas fait d'activité physique depuis longtemps. Si déjà vous courez ou pratiquez certains sports régulièrement, vous pouvez commencer au deuxième niveau.

1er niveau

Étape	Durée de l'exercice (minutes)	Fréquence (fois/sem.)	Activité
1	15	3-4	marche
2	17	3-4	marche
3	20	3-4	marche
4	23	3-4	marche
5	26	3-4	marche
6	30	3-4	marche

2e niveau : le commencement de la course

Chaque séance comprend maintenant un peu de course ; commencez lentement et augmentez progressivement votre vitesse et la durée de votre course. À l'étape nº 1, vous devriez courir la moitié du temps, en alternant constamment des périodes de marche et de course ; à mesure que vous passez aux autres étapes, vous pouvez augmenter la proportion de course par rapport à la marche, de telle sorte qu'à l'étape nº 4, certains d'entre vous pourraient courir pendant toute la durée de l'exercice. Ici encore, il ne faut pas aller trop vite; il est important de veiller à ne pas dépasser votre rythme cardiaque optimal.

À partir du moment où vous courez pendant tout votre exercice, vous devriez prévoir une période de réchauffement et terminer par une période de refroidissement. Le réchauffement devrait inclure des exercices de flexibilité, qui permettent de mobiliser au maximum toutes les articulations et d'étirer les tendons les plus gros; en même temps, ces exercices doivent progressivement mobiliser tout le corps pour mettre en marche le système cardio-respiratoire; le tout devrait durer une dizaine de minutes. Quant au refroidissement, il s'agit de courir beaucoup plus lentement ou de marcher pendant quelques minutes à la fin de l'exercice; cela permet d'éviter le raidissement des muscles.

2e niveau

Étape	**Durée de l'exercice** (minutes)	**Fréquence** (fois/sem.)	**Activité**
1	18	4	marche-course-marche-course
2	20	4	marche-course-marche-course
3	23	4	marche-course-marche-course
4	25	4	course ou marche-course-marche-course
5	28	4	course ou marche-course-marche-course
6	30	4	course ou marche-course-marche-course

3e niveau : la maîtrise de la course

À ce niveau, vous êtes maintenant un « vétéran » de la course. Vous pouvez courir durant toute la période, ou continuer à parsemer vos randonnées de brèves périodes de marche. Vous pouvez aussi augmenter votre vitesse ; mais si vous le faites, continuez à surveiller votre pouls.

Si vous le désirez, vous pouvez rester à ce niveau, qui est amplement suffisant pour développer et ensuite maintenir votre condition physique.

Nous demeurons en bonne condition physique en autant que nous exigeons régulièrement assez d'efforts de notre corps. Il est possible de rester en forme toute sa vie ; c'est une question de style de vie.

3e niveau

Étape	**Durée de l'exercice** (minutes)	**Fréquence** (fois/sem.)	**Activité**
1	33	4	course ou marche-course
2	35	4	course ou marche-course
3	38	4	course ou marche-course
4	40	4	course ou marche-course
5	43	4	course ou marche-course
6	45	4	course ou marche-course

Les Éditions Écosociété

De notre catalogue

La simplicité volontaire, plus que jamais...

SERGE MONGEAU

« Quand je pense aux conséquences négatives de la société d'abondance, je pense à la vie de tous les jours, à la santé, au travail, à l'amour, à la communauté, au bonheur, tout cela qui ne s'achète pas ou, quand on croit pouvoir l'acheter, coûte finalement trop cher, car on doit sacrifier le meilleur de sa vie à gagner de quoi le payer.

« Pour ma part, il y a longtemps que j'ai découvert que "le système" — la société de consommation dans laquelle je vis — nous enferme, individuellement et collectivement, dans une cage qui nous laisse de moins en moins de choix véritables et de vraie liberté. Que les barreaux de la cage soient dorés ne change rien à la réalité profonde de l'aliénation de ses prisonniers. »

La Simplicité volontaire a paru pour la première fois en 1985. Ce livre a eu une grande influence sur beaucoup de personnes amenées à faire le même bilan que l'auteur sur la société de consommation. Cette nouvelle édition a été entièrement revue et de beaucoup augmentée, car l'auteur a continué à approfondir sa réflexion sur ce thème.

Le livre compte deux parties. La première, intitulée « La crise des valeurs », met en question les valeurs à la base de notre société de consommation. Dans la deuxième partie, « La vie de tous les jours », Serge Mongeau expose les bénéfices qu'il y aurait à simplifier divers aspects de nos vies et il explore les moyens d'y arriver.

ISBN 2-921561-39-5
272 pages

Les aliments trafiqués

Les dessous de la biotechnologie

BREWSTER KNEEN

PRÉFACE DE LOUISE VANDELAC

Dans *Les Aliments trafiqués,* Brewster Kneen démystifie un à un les arguments que nous servent les géants de la biotechnologie, qui tentent de nous convaincre que les manipulations génétiques et autres « technologies de la vie » représentent l'ultime solution aux problèmes de la faim dans le monde et de la dégradation de l'environnement.

L'industrie de la biotechnologie se livre actuellement à une vaste opération médiatique dans le but de redorer son image auprès de la population. Kneen lève le voile sur toute la désinformation dont elle use pour y arriver: transformation du vocabulaire, manipulation de l'opinion publique, des législateurs et des agriculteurs.

À l'aide de cas récents comme l'hormone de croissance bovine (HCrb), la tomate transgénique FlavrSavr et la pomme de terre Bt, Brewster Kneen démontre que loin de représenter un progrès « naturel » et souhaitable, les biotechnologies sont en rupture avec les pratiques agricoles traditionnelles et constituent une véritable menace pour la biodiversité.

Enfin, l'auteur nous invite à ne pas nous laisser berner par la propagande de l'industrie de la biotechnologie et à lui retirer notre consentement: « Les organismes changent et s'adaptent. Nous aussi, nous pouvons apprendre à résister à la restructuration du vivant à des fins commerciales. »

ISBN 2-921561-51-4
252 pages

La mondialisation de la pauvreté

Les conséquences des réformes du FMI et de la Banque mondiale

MICHEL CHOSSUDOVSKY

Depuis le début des années 1980, les structures de l'économie mondiale ont changé en profondeur. L'auteur explique comment les institutions financières internationales, et en particulier le Fonds monétaire international et la Banque mondiale, ont forcé l'application de ces changements d'abord dans le Tiers Monde, puis plus récemment dans les pays de l'Est de l'Europe. Il montre les conséquences d'un nouvel ordre financier qui se nourrit de la pauvreté et de la destruction de l'environnement, engendre un véritable apartheid social, encourage le racisme et les conflits ethniques et s'attaque aux droits des femmes.

Après avoir exposé en détail les mécanismes de mise en place de l'économie globale, l'auteur procède à une série d'analyses de cas précis en Afrique, en Asie, en Amérique latine, en ex-Union soviétique et en ex-Yougoslavie.

Le livre se termine avec une brève étude des pays industrialisés et du Québec, démontrant que les populations de ces pays ne sont pas épargnées.

« Tant son analyse globale que les nombreuses études de cas qu'il nous offre démontrent avec perspicacité comment ces "réformes" rétablissent les modèles coloniaux, font obstacle à toute planification nationale et à toute véritable démocratie, tout en mettant en place les structures d'un monde d'inégalité croissante dans lequel la vaste majorité est vouée à la souffrance et au désespoir pour servir les intérêts d'un très petit nombre de privilégiés et de puissants. Mais cette évolution n'a rien d'inévitable. La recherche faite par Chossudovsky nous permet de comprendre, ce qui est un pas important dans la lutte acharnée nécessaire pour renverser la vapeur. » (NOAM CHOMSKY)

Professeur en économie politique à l'université d'Ottawa, Michel Chossudovsky est un collaborateur régulier du *Monde diplomatique*.

ISBN 2-921561-37-9
248 pages

La globalisation du monde

Laisser faire ou faire ?

JACQUES B. GÉLINAS

La globalisation, nouvelle religion du monde des affaires et des élites politiques, suscite des questionnements et des oppositions qui, depuis Seattle, ne cessent de s'intensifier. Ce livre arrive à point pour expliquer non seulement la globalisation de l'économie, mais le monde globalisé. D'entrée de jeu, l'auteur établit une nette distinction entre la mondialisation, phénomène d'expansion planétaire normalement bénéfique, et la globalisation, qu'il définit comme « la gouverne du monde par de puissants intérêts économiques transnationaux et supraétatiques ». Il décrit ce système, ses dirigeants, ses commis, ses idéologues et dénonce ses effets les plus pervers, dont la dégradation de l'environnement, la montée des inégalités et le pourrissement de la démocratie. Au-delà de cet affligeant bilan, l'auteur explore les contours d'un modèle alternatif qui se profile au sein même du présent système.

La globalisation du monde se situe dans le droit fil de l'ouvrage précédent de Jacques B. Gélinas, *Et si le Tiers Monde s'autofinançait,* également publié aux Éditions Écosociété. Cette fois, l'auteur élargit le champ de ses préoccupations, mais dans la même perspective d'une réappropriation des processus socioéconomiques par la société civile.

Un livre d'information et d'analyse, mais aussi de débat, de combat et d'espoir. Il s'adresse à ceux et celles qui sont préoccupés par le sort de l'humanité et de la planète. Il sera particulièrement utile aux jeunes désireux de comprendre ce monde dans lequel nous vivons... pour le changer.

Sociologue de profession, Jacques B. Gélinas s'est toujours intéressé aux questions touchant l'émancipation du Tiers Monde, les droits des minorités et l'organisation socioéconomique des communautés humaines. Après plusieurs années comme coopérant en Amérique latine, professeur en sociologie du développement et cadre au ministère des Relations internationales du Québec, il est aujourd'hui essayiste et conférencier.

ISBN 2-921561-44-1
350 pages

L'imposture néolibérale

Marché, liberté et justice sociale

J.-CLAUDE ST-ONGE

Depuis le tournant de 1975, à part la pauvreté et le chômage galopants, seuls les profits fracassent tous les records. L'« horreur économique » porte un nom : le néolibéralisme. Productivité, profit, concurrence, retrait de l'État, déficit zéro, libre-échange, dictature du marché : telle est la nouvelle religion. La solidarité et la justice sociale sont des vieilleries conceptuelles bonnes à figurer dans un musée.

Dans un ouvrage loin du jargon des spécialistes, J.-Claude St-Onge démonte un à un les dogmes qui entourent cette doctrine selon laquelle la justice se résume à la possession et pour qui la liberté est le privilège d'une minorité toujours plus puissante. L'auteur y décrit ses origines, ses principaux penseurs, ses institutions, démontrant que loin d'être une nouvelle solution aux problèmes modernes, le néolibéralisme récupère à son compte bien des siècles d'histoire.

Sous prétexte que la société serait gouvernée par des lois naturelles, celles du marché, il faudrait s'incliner devant cette nouvelle divinité, qui distribuerait bonheur et malheur au hasard. À cet éloge de l'impuissance et de la résignation, l'auteur oppose une société humaine fondée sur la collaboration, sur la participation de tous et de toutes dans la gestion des affaires publiques, sur une répartition équitable des richesses et sur la primauté du droit à la vie.

J.-Claude St-Onge est professeur de philosophie au Collège Lionel-Groulx, où il a également enseigné l'économie.

ISBN 2-921561-50-6
202 pages

Les gros raflent la mise

À qui profitent les fonds publics à l'heure de la mondialisation

STEVEN GORELICK

La phénoménale croissance des entreprises transnationales dans une économie de plus en plus mondialisée n'est pas le fruit d'un processus inévitable. Il s'agit plutôt d'un phénomène social, historique, qui résulte notamment de choix politiques faits au nom de la population par les gouvernements. Cette course à l'expansion infinie est généreusement financée par l'État : les élites sont convaincues que tout ce qui est gros et grand s'avère bon marché, efficace, meilleur et profitable pour tous. Et si ce n'était pas le cas ?

Steven Gorelick expose ici à qui et à quoi profitent les fonds publics. Sans une kyrielle de subventions directes et indirectes dans les domaines de l'énergie, des transports, des communications et de l'éducation, les transnationales ne seraient pas devenues ce qu'elles sont. L'auteur démontre que l'argent des contribuables est utilisé pour créer une structure économique servant à assouvir l'appétit toujours grandissant de ces entreprises.

L'auteur propose des solutions de rechange en vue de revoir nos modes de vie et le fonctionnement du monde. Pour créer des structures qui protègent la diversité culturelle et la richesse de la nature, il importe de valoriser l'économie locale plutôt que le commerce international, et de miser sur la constitution de collectivités vivantes et dynamiques plutôt que sur le renforcement d'organisations lointaines et anonymes.

ISBN 2-921561-64-6
213 pages

Nos diffuseurs

en Amérique : *Diffusion Dimédia inc.*
539, boul. Lebeau
Saint-Laurent (Québec)
H4N 1S2

en France : *Diffusion de l'Édition québécoise (DEQ)*
30, rue Gay-Lussac
F-75005 Paris

en Belgique : *Aden diffusion*
165, rue de Mérode
B-1060 Bruxelles

LES ÉDITIONS
écosociété
À CONTRE-COURANT

Faites circuler nos livres.

Discutez-en avec d'autres personnes.

Inscrivez-vous à notre Club du livre.

Si vous avez des commentaires, faites-les-nous parvenir ; il nous fera plaisir de les communiquer aux auteurs et à notre comité de rédaction.

Les Éditions Écosociété
C.P. 32052, comptoir Saint-André
Montréal (Québec)
H2L 4Y5

Courriel : ecosoc@cam.org
Toile : www.ecosociete.org

IMPRIMERIE GAUVIN

Achevé d'imprimer
en mai deux mille deux, sur les presses
de l'Imprimerie Gauvin, Hull, Québec